PLAIDOYER

DE M. DE MARCHANGY,

AVOCAT-GÉNÉRAL A LA COUR ROYALE DE PARIS;

PRONONCÉ LE 29 AOUT 1822, DEVANT LA COUR D'ASSISES DE LA SEINE, DANS LA CONSPIRATION DE LA ROCHELLE.

A PARIS,

CHEZ Anthe. BOUCHER, IMPRIMEUR-LIBRAIRE,
RUE DES BONS-ENFANTS, No. 34;
ET CHEZ LES MARCHANDS DE NOUVEAUTÉS.

1822.

PLAIDOYER

DE M. DE MARCHANGY,

AVOCAT-GÉNÉRAL.

MESSIEURS LES JURÉS,

Une conspiration, dont le but était de renverser le Gouvernement, devait éclater dans les murs de la Rochelle. Déjà le jour et l'heure étaient choisis, lorsque les conjurés furent arrêtés armés des poignards que leurs serments consacraient à des attentats.

En procédant à l'instruction de cette affaire, les magistrats de La Rochelle y trouvèrent plus qu'ils n'y cherchaient. Au lieu d'un seul complot, ils découvrirent les preuves d'une société secrète dont les initiés, répandus en cent lieux divers, y préparaient à-la-fois, à l'aide des mêmes moyens, le succès des mêmes crimes. Ces magistrats purent également se convaincre que si le fil de ces trames nombreuses se déroulait en province, il partait de la capitale; et que si l'on trouvait ailleurs des agens corrompus, on ne trouverait qu'à Paris les agens corrupteurs. Ils y ont donc renvoyé le procès, et une triste compétence fut infligée à cette Cour.

Mais quel contraste nous présentent l'accusation et les accusés! Préoccupés de l'idée d'une conspiration hardie et d'un bouleversement général, nous cherchons sur ces bancs de puissans instigateurs, des hommes dignes par la séduction de leur opulence, ou le bruit de leur renommée, d'aspirer aux promotions de la révolte, d'obtenir les courtes faveurs d'une révolution, d'exploiter à leur profit nos divisions intestines, et cependant que voyons-nous ici? des êtres obscurs, des jeunes gens égarés, des soldats sans nom..... Que pouvaient-ils donc par eux-mêmes? Rien, s'écrient leurs défenseurs! S'il est vrai, Messieurs, que les accusés n'aient rien pu tenter d'eux-mêmes, leur propre insuffisance sera la première démonstration d'une vérité qui couvrira toute la discussion de sa lumière, c'est qu'ils faisaient partie d'une association flagrante dont la force était dans le nombre de ses adeptes et dans la mystérieuse impulsion qui les faisait mouvoir. Fanatiques instrumens d'une volonté étrangère, ils ne pouvaient rien isolément; ils pouvaient beaucoup sans doute, concourant à une action

simultanée ; et lorsqu'on voit les criminels projets de La Rochelle conniver avec ceux de Belfort, de Saumur, de Nantes, de Thouars, de
Brest, de St.-Malo, de Toulon, de Strasbourg,
on devine comment sans un crédit notoire, sans
une haute capacité personnelle, des individus auraient pu accomplir de sinistres vœux, et comment
tant de faibles roseaux auraient, en s'unissant par
un lien commun, formé le sanglant faisceau des
décemvirs.

Pour prononcer sur l'un de ces complots, il
faut donc en quelque sorte que vous connaissiez
tout leur ensemble, il faut suivre les traces des
affiliations ténébreuses qui minent sourdement
l'État, et qui, si la justice n'avait point éventé
leurs élémens destructeurs, eussent révélé leur
existence par le ravage d'une explosion.

Ainsi le procès actuel, bien qu'au fond il ne
vous offre à statuer que sur les faits de La Rochelle, s'agrandit de tout l'intérêt attaché à la
découverte d'un vaste plan d'insurrection. Il vous
montrera les sectes révolutionnaires arrachées à
l'ombre qui les cachait et traînées avec leurs attributs, leurs signes, leurs devises et leurs couleurs à la barre de la France, ou plutôt de l'Europe entière.

Oui, l'Europe entière est attentive à des débats, où elle cherchera l'explication des troubles
qui la tourmentent, l'origine des partis qui la

divisent; elle y apprendra peut-être comment
vingt nations qui diffèrent ensemble par leur civilisation, leurs mœurs, leurs besoins et la forme de leur gouvernement, ont néanmoins éprouvé
à-la-fois la commotion du même délire, reçu les
mêmes conseils, les mêmes instructions, et entendu proclamer les mêmes doctrines et les mêmes textes de rebellion. Il serait aussi monstrueux
de voir des arbres de diverse nature porter des
fruits pareils, que de voir des peuples qui n'ont,
par leur position sociale, aucune analogie entre
eux, manifester spontanément des systèmes et
des prétentions semblables.

Les révolutions actuelles ne sont donc point
innées; elles sont apprises, et la même leçon cir-
culant du Nord au Midi, explique la conformité
de tant d'erreurs.

Voilà pourquoi Naples, si heureuse de ses beaux
arts, des bienfaits de son ciel et de la mansuétude
de ses Bourbons, s'étonna d'entendre ses propres
enfans, répéter mot pour mot le langage des vé-
térans de nos discordes civiles; voilà pourquoi
l'Espagne, que sa superbe et dédaigneuse igno-
rance, que son fanatisme héroïque et son culte
pour ses traditions premières, devaient préserver
des sophistes, s'indigne de voir un ramas de perturbateurs affamés du régicide et copistes servi-
les des excès de 93; voilà pourquoi l'Allemagne,
qui tant de fois eut à maudire nos révolutions,

contre lesquelles ont protesté ses armes, sent avec effroi leur poison se glisser jusqu'au cœur de sa jeunesse ; voilà pourquoi le Piémont qui bénissait les races patriarchales de ses vieux princes, et qui, rendu à des coutumes héréditaires qu'il ne cessa de regretter, n'avait plus aucun vœu politique à former, eut à frémir de voir du milieu d'un règne paisible s'élancer l'anarchie toute armée ; voilà pourquoi la Grèce, qui avait presque usé ses fers en les portant depuis des siècles, reçut tout-à-coup l'avis de sa servitude, et pourquoi, induite en insurrection, elle appela sur elle-même l'implacable vengeance d'un maître qui s'était endormi. Tels sont les déplorables résultats des principes colportés par les promoteurs du désordre, par les envoyés de la révolte, eux qui ne veulent point souffrir que les missionnaires d'une religion de paix et de concorde aillent restaurer de la parole de vie, des mœurs énervées et une foi mourante ; eux qui désirent étouffer dans le bruit de leurs déclamations intolérantes la voix des apôtres de nos croyances, tandis que se faisant un privilége exclusif du prosélytisme, ils vont afficher depuis les Apennins jusqu'au Bosphore, et depuis Lisbonne jusqu'aux bords de l'Orénoque, l'enseignement et les programmes de la sédition.

Effrayés de ces insurrections si rapidement

improvisées, les gouvernemens ne sont occupés qu'à prévenir les progrès du mal universel.

L'Angleterre, qui ne doit sa prospérité qu'à son respect pour ses institutions antiques, renouvelle *l'alien-bill*, pour que la contagion ne pénètre pas dans ses foyers ; des congrès de souverains consultent sur cette épidémie morale ; la crainte d'être surpris par l'ennemi commun éteint chez eux l'esprit de conquête : vaincre la révolution leur semble désormais la plus désirable victoire.

Pouvons-nous, maintenant sans douleur, reporter nos regards sur nous-mêmes et envisager nos dangers après avoir sondé les plaies du reste de l'Europe? A Dieu ne plaise que nous désespérions de la patrie dont les convulsions momentanées sont peut-être moins un indice de sa faiblesse, qu'un vicieux emploi de ses propres forces, et qui, selon l'habileté d'un profond législateur, pourrait voir tourner au profit de sa félicité et de sa gloire ce qui fait aujourd'hui son inconstance et ses périls. Toutefois on ne peut se le dissimuler, la France est infectée de principes délétères et incessamment travaillée par des machinations perfides, soit que le règne doux et paternel des Bourbons succédant au vigilant despotisme du précédent gouvernement, ait, à force de contraste, paru incompatible avec l'idée d'une

répression sévère ; soit que trop long-temps privés
de liberté, et en ayant perdu l'usage, quelques-uns
l'aient prise pour la permission de mal faire et la
garantie de l'impunité ; soit que la transition d'un
régime à l'autre ait envenimé les regrets, ait
armé les ressentimens, ait aigri les prétentions
trop souvent confondues avec les droits ; soit que
l'anarchie des ambitions et les saturnales de la
fortune aient fait sortir toutes les classes de leur repos, comme de leur condition, pour les précipiter
vers des honneurs qui vont les satisfaire un jour
et les agiter toute la vie ; soit enfin que nulle institution n'ait été profondément creusée au milieu
de nous pour absorber ce déluge, pour purifier
les lumières et pour laisser déposer les passions.

Et d'ailleurs la France, marchant la première
à la tête de la civilisation, ne court-elle pas le
risque d'arriver aussi la première à ce rendez-
vous de l'abîme, où les peuples aboutissent lorsqu'ayant échangé les vertus pour les connais-
sances, les mystères pour les découvertes, et
l'instinct pour le raisonnement, il ne leur reste
au lieu d'illusions que les métamorphoses de
l'erreur ou les caprices du dégoût ! Ainsi péri-
rent les nations de l'antiquité ; mais espérons
qu'un pareil anathême n'éclatera pas sur les
nations modernes. Elles ont ce que n'avaient pas
leurs aînées pour prévenir l'entière corruption.
C'est la religion qui a donné à la terre le secret

2

de faire fleurir éternellement les sociétés des
hommes, et qui trouve jusque dans leurs égaremens, un moyen de les ramener à la vérité.
Déjà la France, malgré les efforts d'une secte
impie, ressent cette merveilleuse influence :
étudiez ses goûts, ses penchans et ses souvenirs de prédilection, vous la verrez exprimer
le vague desir d'une régénération morale et se
placer d'elle-même à l'ombre des pouvoirs légi-
times. Aidons-la dans ce mouvement généreux,
protégeons cette heureuse disposition à la con-
valescence de la patrie ; prévenons ses rechutes,
et ne souffrons pas qu'elle retombe sous le souffle
mortel des anarchistes. L'un des remèdes les plus
salutaires qui puissent hâter sa guérison, celui
qu'il vous appartient d'appliquer en ce jour,
c'est une justice intrépide, c'est le triomphe des
lois, c'est la fermeté des gens de bien. Vous
en donnerez un éclatant exemple dans la cause
qui vous est soumise, et dont il est temps de
vous exposer les faits.

Les sociétés secrètes sont des ateliers de conspiration ; leur origine est ancienne, mais elles
furent pour ainsi dire en permanence depuis 1815,
car l'effronté succès du 20 mars les avait accré-
ditées et mises en réputation. A cette époque, l'u-
surpation, et ce fut là son plus odieux forfait,
appela à son secours la démagogie, qui vint as-

sister à ses derniers momens pour hériter de ses dépouilles. Furieuse de ne pouvoir s'en emparer, et de céder sa place à la légitimité, elle jeta des brandons de discorde au milieu de la France, et fit un appel aux générations présentes et futures. Dès-lors elle eut un parti parmi nous. La police du temps découvrit successivement, sans en compter beaucoup d'autres dont elle n'eut pas connaissance, les sociétés *de l'Épingle noire*, celle des *Patriotes de* 1816, celle des *Vautours de Buonaparte*, celle des *Chevaliers du soleil*, celle des *Patriotes européens reformés*, celle *de la Régénération universelle*. Toutes ces sectes s'accordaient sur le but de leur institution ; c'était de former une ligue des peuples contre l'autorité légitime, c'était de conquérir la licence à main armée pour la faire asseoir sur les débris des trônes et des autels. Brochures, discours, pétitions, adresses, lithographies, souscriptions, réimpressions de mauvais livres distribués à vil prix ou gratuitement jusque dans les hameaux ; tout, depuis certaines éditions compactes, jusqu'à certains couplets, depuis les cris séditieux jusqu'aux toasts provocateurs, pouvait en effet concourir plus ou moins à ce but. On s'entendait si bien, que l'on concerta de vastes conjurations. Celles qui se tramèrent en 1816, à Paris et dans les départemens de l'Isère, du Rhône et de la Sarthe, conjurations qui enveloppaient une grande

partie de la France , prouvent en effet que déjà
il y avait, de la part des conjurés , *permanence* et
unanimité. Cependant les perturbateurs n'avaient
pas encore imaginé de faciles moyens de correspondre ; ils n'avaient pas encore discipliné
l'esprit d'insurrection et organisé le désordre ;
en un mot ils ignoraient comment on peut administrer la sédition , et en faire en quelque
sorte un département à portefeuille. Voilà ce
qu'ils apprirent én 1820, par leur affiliation à
la secte des *carbonari*. Cette secte, émule de la
franc-maçonnerie , empruntait ses allusions et
ses symboles au métier des charbonniers. Depuis long-temps occupée d'un plan favori de révolution , elle catéchisait secrètement l'Italie.
Dès 1819 elle était parvenue à s'introduire dans
nos départemens de la Corse. Un nommé Gué-
rini y fut poursuivi judiciairement pour avoir
tenté d'assassiner un individu chargé par l'autorité de surveiller les sociétés de *carbonari*, qui se
multipliaient d'autant plus que le gouvernement
s'abusait alors sur leurs intentions et leur nombre.
Il résulte d'une correspondance officielle , que
le ministère d'alors ne jugea point important
de les traduire devant les tribunaux , attendu ,
disait-il, *que ces poursuites décéleraient une crainte*
que de pareilles sociétés ne peuvent inspirer sous
une forme de gouvernement où les droits du peuple
sont reconnus et assurés.

Ce motif plein de candeur toucha si peu les
factieux, que bientôt la *charbonnerie* grandit sur
un plus vaste théâtre, et envahit presque toutes
nos provinces. En effet, lorsque les insurrections
napolitaine et piémontaise eurent mis en lumière les *carbonari*, ceux-ci qui devaient le
fond de leurs principes aux révolutionnaires français, ne purent leur refuser les formes et les statuts de leur association; on ne tarda point à
s'entendre, et les émissaires des *carbonari* d'I-
talie vinrent faire hommage à la conspiration permanente, des secrets de leur organisation.

Aux termes de leurs réglemens adoptés à Paris,
les *carbonari* sont divisés en petites réunions ap-
pelées *cercles* ou *ventes*. Ils ont des *ventes* particulières, des *ventes* centrales, de hautes *ventes*,
et une *vente* suprême confondue, dans une mystérieuse profondeur, avec une espèce de comité
dictatorial constitué en gouvernement provisoire.
Les *ventes* particulières sont le premier degré de
l'association; on ne peut y être admis que sur la
présentation d'un certain nombre de *carbonari*,
qui répondent sur l'*honneur* des *bons sentimens*
du candidat. Il faut, en outre, que ce candidat,
à moins qu'il ne soit militaire à demi-solde ou en
retraite, ait déjà fait ses preuves, et qu'il justifie
de sa haine pour le gouvernement légitime. De
même qu'on exigeait, en 93, de celui qui récla-
mait un certificat de civisme, qu'il eût coopéré à

la journée du 14 juillet, ou qu'il eût par-devers lui son 10 août ; de même on demande à ceux qui postulent la *charbonnerie* où sont leurs brochures séditieuses, dans quelle église ils ont vociféré, de quels attroupemens ils ont fait partie.

Les candidats qui, sans remplir les conditions imposées, méritent néanmoins des encouragemens et donnent des espérances, sont ajournés et classés comme apprentis charbonniers dans des sociétés qu'on peut considérer comme les avenues de la secte-mère, et qu'on nomme les *sociétés des amis ou des chevaliers de la liberté*. Ces sociétés préparatoires sont, en sens inverse, une sorte de lazaret où les néophites se guérissent de leurs scrupules et d'un reste d'innocence. Quand le temps d'épreuves est passé, ils sont reçus *carbonari*. Pour leur faire prendre patience, on les charge parfois de missions faciles; dans les insurrections générales, on leur permet de marcher ; ils furent même expressément commandés dans les affaires des départemens de l'Ouest.

Les *ventes* particulières des *carbonari* se composent chacune d'un nombre qui n'excède pas vingt membres, ou *bons cousins*. Elles ont un président, un censeur et un député. Une vente particulière a-t-elle atteint le nombre convenu ? chacun de ses membres forme une autre vente particulière, qui, à son tour, pullule de la même manière.

Les députés de vingt *ventes* particulières composent une vente centrale ; et chaque *vente* centrale a elle-même un député qui communique avec la haute vente, laquelle a également un émissaire accrédité près de la vente suprême, ou, selon l'expression vulgaire, près du comité directeur. Ainsi, les ventes particulières ne touchent aux ventes centrales, et celles-ci à la vente suprême, que par un intermédiaire, lien léger, facile à briser lorsque les circonstances prescrivent momentanément le besoin de s'isoler pour échapper aux recherches. Les membres des différentes ventes restent donc étrangers les uns aux autres et ne peuvent correspondre qu'au moyen de députés, seuls initiés aux relations d'une vente à l'autre, en telle sorte qu'un *carbonaro* ne connaît que les membres de sa vente, et un député ne connaît que les membres de deux ventes.

Les carbonari ont cherché d'autres garanties de la discrétion des affiliés, dans le serment qui leur est imposé. *Tout carbonaro*, porte l'article 55 des statuts, *doit garder le secret de l'existence de la charbonnerie, de ses signes, de son réglement et de son but envers les païens.*

L'article 60, titre 5, est ainsi conçu : *Le parjure, toutes les fois qu'il aura pour effet de révéler le secret de la charbonnerie, sera puni de mort.*

Aux termes de l'art. 62, une simple indiscrétion ne fait encourir que la censure de la haute

vente; mais en cas de récidive il y a peine capitale. Le récipiendaire jure de ne pas chercher à
connaître les membres des autres cercles, ni ceux
du cercle suprême, et de ne pas révéler, sous
peine de mort, les secrets qui lui seraient con-
fiés. Lorsqu'un membre a manqué à ce dernier
point de son serment, il est jugé par ses *bons cousins*, et l'un d'eux est désigné pour le frapper.
Afin d'accomplir cette mission sanguinaire, ou
d'exécuter tout autre forfait commandé par la
vente supérieure, des poignards sont remis gratuitement aux *carbonari*. On n'a point oublié que
l'origine de leur institution n'est pas française.
Pour épaissir encore mieux l'ombre qui les couvre, les carbonari n'écrivent rien; ils se trans-
mettent tout verbalement, soit entre eux, soit
de province en province, par l'entremise d'une
foule de *bons cousins*, qui, sous le titre appa-
rent de commis-voyageurs, se transportent aux
frais de la société sur tous les points où les appellent les ordres du comité-directeur. Ces agens va-
gabonds, ces courtiers de la révolte, ont, pour
se faire reconnaître des chefs de *ventes* près desquels ils sont envoyés, une moitié de carte bizar-
rement découpée, et qui s'adapte à l'autre moitié
envoyée par le comité-directeur aux meneurs de
la province.

Les carbonari ont en outre des mots d'ordre,
des mots de passe, des mots sacrés. Ils ont des

saluts qui consistent à relever et incliner l'avant-
bras droit, le coude appuyé sur la hanche; ils
ont des attouchemens mystérieux, soit en indi-
quant le cœur avec l'index comme signe interrogateur, soit en se prenant la main de manière
à former tantôt un C et tantôt une double N, em-
blême expressif du père et du fils. Les mots *spe-
ranza* et *fede*, jetés comme par hasard dans un
entretien; le mot de *carità* articulé par syllabes
séparées que se partagent les interlocuteurs en
les proférant alternativement, sont aussi le préam-
bule usité de toute ouverture entre les *bons-cou-
sins*. Chaque vente ouvre un livre noir, sur lequel
sont tracés les noms proscrits; plus tard il pourra
servir à l'action d'une nouvelle loi des suspects.

Les obligations et le but des *carbonari* sont premièrement : d'obéir sans examen aux ordres souverains intimés par la vente suprême dont ils
doivent s'abstenir de scruter le sanctuaire impé-
nétrable, et secondement de tout entreprendre
pour conserver la liberté à main-armée, c'est-à-
dire pour renverser le Gouvernement actuel.
Ainsi, par une contradiction assez étrange, ces
amis de la liberté s'engagent à déférer aveuglément aux ordres de sang qu'il plaira de leur
donner, en telle sorte qu'au nom de la liberté
ils se font les transfuges des lois sous l'empire
desquelles ils seraient vraiment libres, pour se
faire les esclaves du crime et les superstitieux

3

instrumens d'une ambition voilée. C'est pour
aspirer à ce honteux avilissement, qu'ils doivent, aux termes de leurs statuts, préférer
leurs frères d'adoption à leurs propres frères, et
se munir d'armes de guerre, d'après l'article 58
qui dit : « *Pour être prêt à résister à l'oppression,
à secourir ses bons cousins, tout carbonaro doit être
pourvu, par ses soins et à ses frais, d'un fusil de
munition avec la baïonnette, et de vingt-cinq cartouches à balles de calibre. Il est tenu de s'instruire dans le maniement de cette arme et dans
tous les mouvemens que suppose une réunion
d'hommes ainsi armés.* Ils versent 5 fr. lors de
leur admission, et 1 fr. par mois. Ces sommes, qui
deviennent considérables, parce que des données
dont nous pourrons bientôt apprécier l'exactitude, permettent d'élever le nombre des carbonari à plus de soixante mille en France ; ces sommes, disons-nous, sont versées aux ventes centrales, qui en tiennent compte aux caisses de la
vente suprême, d'où elles vont fructifier dans les
opérations de Banque et de Bourse avec le produit des quêtes, des souscriptions, des donations
volontaires, et des contributions extraordinaires
que la vente suprême a le droit de lever dans
l'intérêt général.

Cette vente souveraine peut, quand bon lui
semble, convoquer ou suspendre à son gré toutes
les autres ventes.

Telle est la foi et hommage du ban et de l'arrière-ban des vassaux révolutionnaires : telles sont les redevances, les corvées, les dîmes, les prestations stipulées dans cette nouvelle féodalité, plus humiliante, plus odieuse mille fois que celle contre laquelle on ne cesse de déclamer, bien qu'elle soit à jamais ensevelie depuis des siècles dans la poussière de ses vieilles châtellenies. Là, du moins, on ne se servait point de poignards ; là, le feudataire ne refusait pas de partager les dangers où il menait vaillamment ses fidèles ; là, on ne s'engageait point par d'exécrables sermens à répandre le sang d'un frère pour des tyrans cachés, pour de lâches rhéteurs, dont le premier soin est d'obliger les malheureux qu'ils égarent, à ne pas chercher à les connaître, et néanmoins à mourir pour eux. Fût-il jamais un fanatisme aussi insensé, une servitude aussi révoltante ? Dans les associations les plus abjectes, parmi les brigands et les corsaires, les chefs combattent à la tête de leurs compagnons ; leurs risques sont communs, ils ont également à redouter les poursuites de la justice, ils marchent de front à l'échafaud, ils tombent ensemble dans le gouffre qu'ensemble ils ont creusé. Mais cette égalité n'est pas la règle des seigneurs de la haute vente, de ces privilégiés de l'anarchie, qui, du fond de leur comité invisible, prennent leurs sûretés contre les chances auxquelles ils exposent leurs séides. « Allez, leur disent-ils, dans l'insolence de leur turbulente aristocratie ; allez tenter pour nous les hasards d'une insurrection dont nous sommes les actionnaires ; allez moissonner pour nous sous les coups de la tempête que nous avons allumée, tandis que nous attendrons, à l'abri, que vous ayez frayé un facile accès à notre pouvoir. Nous paraîtrons au signal de vos succès, nous irons vous secourir dans vos triomphes ; si la vigilance des tribunaux déconcerte votre entreprise, nous livrerons aux haines populaires les magistrats liberticides appelés à vous juger, nous ferons de leur devoir un péril et de leur impartialité un titre de réprobation, nous les tiendrons à l'étroit entre la crainte du libelle et celle du poignard. Si vous succombez dans une aggression tumultueuse, nous vous érigerons, à grand bruit, des tombeaux, nous ferons sortir des étincelles de votre cendre agitée, nous sourirons aux larmes commandées pour vos funèbres anniversaires, et nous irons jusque dans le temple d'un Dieu de paix chercher des occasions de trouble et des prétextes de vengeance. »

Voilà, Messieurs les jurés, voilà le sens du pacte monstrueux proclamé par les proconsuls de la sédition.

On a vu jadis dans l'Orient un prince nourrir autour de lui un essaim de jeunes fanatiques, prêts, au moindre geste de leur maître, à se donner la mort ou bien à la donner aux autres. Tout horrible que fût leur dévoûment, on le concevait néanmoins, car dans leur pieuse erreur ils croyaient mériter le ciel, promis par leur prophète. Ici, au contraire, les despotes de la vente suprême, les conservateurs de la révolution ne promettent que le néant à leurs adeptes. L'athéisme est une des pages de leur code; *guerre à la religion* est un de leurs commandemens.

Il faut le répéter, avec indignation et surprise; oui, voilà le pacte qui fut proclamé en France, et qui fut consenti par une multitude d'êtres égarés.

La contagion fut si rapide, que dans le cours de 1821, trente-cinq préfets dénoncèrent à-la-fois des sociétés de *carbonari* et de chevaliers de la liberté, organisées sur plusieurs points de leur département. Paris comptait dès-lors plusieurs centaines de ventes, ayant entre elles diverses dénominations, telles que *la Victorieuse*, *la sincère*, *la Réussite*, *la Wasingthon*, *la Bélisaire*, *la Westermann*, *les Amis de la vérité*, etc. Toutes ces ventes relevaient, comme on l'a dit, de la vente suprême, qui bientôt voulut faire un essai de ses forces. Les troubles du commencement de juin et la conspiration du 19 août 1820 doivent être en effet considérés comme les premières campagnes régulières des *carbonari* français. A ces deux époques, l'or fut répandu avec profusion : on sait qu'il gagna la plupart des individus condamnés dans l'affaire du 19 août, et la secte poussa la sollicitude à leur égard, jusqu'à leur assurer une paie durant tout le cours de leur détention. Quant aux troubles du mois de juin précédent, ils durent également induire le comité supérieur en des dépenses excessives, car il est de notoriété que dans ces attroupemens séditieux il y avait outre les *carbonari* quelques troupes soldées, que l'on payait non-seulement à bureau ouvert, mais encore en plein air, et même dans la foule, où de simples curieux risquèrent de recevoir un salaire qu'ils eussent rougi de mériter.

L'issue de l'accusation, déférée à la Cour des Pairs, ne fut pas tellement décourageante qu'elle dût à jamais rebuter les conspirateurs ; et comme dans l'intervalle ils avaient encore étendu les ramifications de leur secte, ils se trouvèrent si nombreux, si riches, si bien enrégimentés, grâce à l'organisation perfectionnée des *carbonari*, que le comité-directeur devint une sorte de gouvernement occulte, précisément à l'époque où, pour donner le change, il favorisait lui-même l'idée d'un pouvoir occulte qui, à l'entendre, existait parmi les royalistes.

Nous disons, Messieurs, que le comité-directeur devint un gouvernement occulte, et cette

expression est vraie dans le sens le plus positif ,
puisque durant le cours de 1821 , et même dans
le cours de cette année ; il déploya les ressources
et prit l'attitude d'une puissance qui a des trésors,
des ambassadeurs , des sujets et des armées. Pour
continuer le récit des faits (les preuves viendront
ensuite), nous citerons au hasard quelques uns
de ses actes , de ses ordres du jour , de ses décrets
suprêmes , quelques traits de sa police , de son
administration , de sa diplomatie. Ainsi, par exemple , le 10 décembre dernier , il mit à l'ordre du
jour , que tous les *carbonari* devaient se tenir
prêts à partir pour les destinations respectives
qui leur seraient ultérieurement indiquées. Tous
se disposèrent à partir, et le 25 , l'évasion du colonel Duvergier détenu , fut favorisée par la femme
d'un *carbonaro*, la dame Pailhès , condamnée depuis pour ce fait. Vers la même date , ce comité
reçoit un envoyé des révolutionnaires espagnols
et leur promet plusieurs mille hommes. Une foule
de *carbonari* français partirent en effet à cette
époque , afin de secourir leurs frères de la *Fontaine d'Or*, pour ensuite revenir ensemble sur les
frontières de France , déployant le drapeau tricolore , enrichi d'un fléau de plus , la peste et
ses horreurs. A leur passage , ces auxiliaires de la
tragala infectèrent le cordon sanitaire d'une foule
de libelles et de chansons injurieuses aux Bourbons. En passant à Pau , quelques-uns d'entr'eux

attachèrent furtivement à un arbre de la prome-
nade publique une pancarte, où le lendemain les
habitans lurent ces mots : « *Dévise des Français.*
» Constitution nationale acceptée par le peuple
» français, *Honneur*, *Patrie*, Une constitution
» nationale est un contrat entre le peuple et le
» chef de l'Etat ; elle doit être consentie par les
» deux parties qu'elle oblige, non octroyée par
» l'une d'elles. De ce principe de la souveraineté
» des nations découle cette conséquence, que la
» source de tous les pouvoirs de l'organisation
» sociale émane du peuple qui les distribue en
» différentes branches dans la constitution sou-
» mise à son acceptation ; car sans cette accep-
» tation, il n'y aurait pas de constitution, mais
» bien usurpation sur la souveraineté du peuple.
» Ainsi, pour le redire, la devise des Français
» est constitution nationale acceptée par le peu-
» ple, ou *Honneur* et *Patrie*. Vive la nation fran-
» çaise ! »

Ce beau manifeste rédigé par les commis des
publicistes de la *haute-vente*, ne fut guère compris des fidèles Béarnais qui, après l'avoir lu,
crièrent : *vive les enfans d'Henri IV !*

Mais poursuivons l'examen des actes du gouvernement occulte. En décembre dernier, il s'opère
un versement des fonds de la banque du comité
qui produit un gain de plusieurs millions. Le 1er.
mars, ordre du jour qui recommande aux *car-*

bonari de s'exercer au maniment des armes. Le
6 mars, décret portant qu'il sera formé un comité d'action militaire, composé de trois *carbonari*,
lequel comité sera spécialement chargé de se
procurer des armes et d'établir des dépôts.
On en établit aux environs de Lyon et dans
le Bocage, afin, s'ils étaient découverts, qu'on
pût les attribuer aux Vendéens. Le 11 mars,
création sous le nom de *bataillon sacré*, d'un
corps de cinq cents jeunes *carbonari* d'élite pour
être employés ensuite comme officiers, dans le
cas d'un soulèvement général. Le 13 mars, discussion à l'effet d'introduire la *charbonnerie* à
Vincennes et de gagner une compagnie d'artillerie de la garnison pour s'emparer du château
avec dix-huit cents *carbonari*. Le même jour,
les ventes demandent à agir dans la crainte d'être
devancées par le *bataillon sacré*. Le 15 mars, le
comité-directeur apprenant la découverte de plusieurs complots dans l'Ouest, reconnaît qu'il serait superflu, quant à présent, de prolonger le
mouvement insurrectionnel qu'il avait préparé à
l'occasion des missionnaires, et rend un ordre
du jour ainsi conçu : « Nous défendons à nos
chers cousins, d'exciter aucun attroupement et
de résister à la force armée ; une ordonnance
de police devant prescrire le dépôt des armes de
guerre, nous enjoignons de les cacher soigneusement. »

4

Le 16 mars, autre ordre du jour portant que
le général Berton a échoué par trop de précipitation et par la faiblesse des habitans de
Thouars, mais que la troupe est prête, et que
les *carbonari* doivent attendre les ordres pour
agir. En avril, suite de précédentes discussions
sur le choix du gouvernement qu'il conviendra
de substituer au gouvernement légitime. Trois
systèmes différens sont tour-à-tour plaidés avec
chaleur et l'on arrête qu'il faut commencer par
détruire ce qui existe, sauf ensuite au gouvernement provisoire à consulter le peuple sur le
choix de ses nouveaux maîtres. Dans le même
mois, il fut convenu qu'il serait pris des renseignemens sur tous les militaires dont le tems de service
devait expirer, pour qu'ils ne renouvelassent pas
leur engagement avec le gouvernement, et qu'ils
donnassent la préférence au comité-directeur.

Tous ces faits que nous pourrions multiplier
à l'infini ont un caractère si étrange qu'on hésite d'abord à les accueillir, et qu'on les croit
moins propres à figurer dans l'histoire de nos jours
que dans les sombres aventures des Flibustiers ou
des Francs-Juges; et d'ailleurs, il faut l'avouer,
ces faits auraient une apparence moins roma-
nesque, moins extraordinaire, qu'on n'y croirait peut-être guère davantage; dans tous les
temps l'incrédulité s'est interposée entre les ca-
tastrophes politiques et les peuples qui en étaient
menacés. Cette fatale propension à l'incurie s'ex-

plique aisément, car d'une part les systèmes,
les vagues projets des partis ne sont pour le vulgaire incapable d'en calculer les conséquences,
que des élémens abstraits dont l'imagination ne
saurait redouter les résultats, parce qu'elle ne
les conçoit point. La crainte qui ne s'arrête qu'aux
résultats, glisse donc sur les théories politiques,
et l'on ne déplore qu'après l'événement, ce qu'elles
ont de calamiteux. Peu de personnes ont compris 89, mais quel cœur humain n'a pas gémi sur
les crimes de 93 qui n'en étaient que les conséquences immédiates? D'une autre part, il est
d'autant plus difficile de prévoir une révolution
que chacun a secrètement un motif pour s'abuser soi-même, ou pour abuser les autres. Ceux-là
ne veulent pas croire au mal parce qu'ils ne veulent pas s'alarmer, ceux-ci parce qu'ils ne savent
pas y remédier; les uns se soucient peu d'y croire
parce qu'ils ne le voient pas tellement proche
qu'ils puissent avoir à le redouter pour eux-mêmes,
les autres ne veulent pas qu'on y croie, parce
qu'ils ont des raisons pour le laisser arriver. L'é-
goïsme, l'insouciance, la faiblesse ou la trahison ont donc un intérêt dans l'incrédulité. Et
alors même que l'on croirait à un mouvement politique, chacun trouverait encore dans cette conviction des prétextes de caresser son indolence en
s'imaginant, ce qui est une funeste erreur, que
les événemens publics ne l'atteindront pas dans
ses intérêts particuliers.

Aussi dans tous les temps précurseurs des crises politiques, des voix fortes et généreuses ont-elles en vain gourmandé la léthargie des états et en vain retenti à l'oreille des peuples endormis sur le bord du précipice. Pour ne parler ici que de nos propres malheurs, n'a-t-on pas vu le 20 mars se précipiter sur la France qui, assoupie dans un scepticisme fatal, ne se réveilla qu'au bruit de la foudre, stupéfaite d'un événement qu'elle n'avait pas cru possible malgré des avertissemens manifestes.

Cessons donc de dédaigner les avis de la Providence ; n'aliénons point l'avenir social pour un misérable repos viager ; et loin de nous flatter sur l'état moral de la patrie, sondons courageusement ses plaies pour que ceux qui veillent à son salut puissent travailler à sa guérison et la ramener enfin à une plénitude de vie et de gloire qu'elle a le droit d'attendre encore, puisqu'elle a encore la force d'en sentir le besoin.

Nous vous avons dénoncé une conspiration, que depuis long-temps la voix publique a qualifiée de permanente. Nous vous avons appris comment cette conspiration était ourdie par un comité-directeur agissant sur des sociétés secrètes. Il faut maintenant vous en donner les preuves. Si nous parlions ailleurs que dans une cour d'assises où les preuves doivent avoir en quelque sorte plus d'évidence qu'il n'en faut à la conviction, serait-il donc besoin de tant d'efforts,

pour démontrer l'existence de ce comité-directeur, nom devenu populaire, nom inventé spontanément, dont la commune renommée a déterminé la valeur et que chacun a de suite compris ; parce que la chose existant avant le nom,
il fallait bien la nommer pour qu'on pût inter-
peller l'influence secrète et malfaisante qui s'était
décelée par ses propres œuvres.

Eh qui donc, en effet, aurait pu méconnaître
l'action d'un comité-directeur dans cette tactique soutenue, où les plus simples découvrent un
plan concerté par des chefs et suivi docilement
par les agens subalternes ; dans ces joies prophé-
tiques, dans ces espérances menaçantes, dans
cette arrogance prématurée qui devancent de
quelques jours les nouvelles fâcheuses pour les
gens de bien et favorables aux méchans ; dans
cette alternative de repos et d'agitation à laquelle
se soumettent les factieux, selon qu'ils sont sur-
veillés ou ménagés, afin d'endormir par leur
inaction momentanée, la vigilance de l'autorité,
comme ces malfaiteurs nocturnes qui, craignant
d'être trahis par le bruit de l'effraction, suspen-
dent et reprennent tour-à-tour une œuvre criminelle ? Qui aurait pu douter de ce comité-
dictateur en rapprochant telles pétitions, tels articles, telles brochures, tels rassemblemens, et
telles versions mensongères de tels et tels événemens, se passant à quelques cents lieues de la

capitale, et encore ignorés de tous ceux qui n'en
étaient pas les complices ? Qui aurait pu douter
de son existence lorsque, pour ainsi dire, il nous
enveloppe dans son atmosphère, et qu'il exhale
de toutes parts les preuves d'une alliance métho-
dique et raisonnée, d'une solidarité immense,
d'une assistance pécuniaire et déclamatoire ?
Lorsqu'enfin les fils d'une trame qui couvre la
France et plusieurs peuples entiers furent souvent
rompus et toujours renoués avec une incroyable
persévérance ?

Mais nous le répétons, ces preuves morales ne
suffisent point à des jurés, nous n'en cherche-
rons pas non plus dans des rapports officiels ou
dans la correspondance des autorités locales dont
la lecture éterniserait cette audience. Les preuves
que nous vous donnerons seront irrécusables,
puisque les principes judiciaires les placent au
premier rang: nous voulons parler de la chose
jugée, des aveux des accusés eux-mêmes, des
pièces trouvées en leur possession ; telles sont en
effet les hautes preuves qui découlent des procédures criminelles suivies à Belfort, à Tours, à
Aix, à Strasbourg et à Paris, à l'égard de l'affaire de la Rochelle qui vous est plus spécialement attribuée, preuves dont la réunion établis-
sant jusqu'au dernier degré de lumière tous les
faits que nous avons articulés, et beaucoup d'autres non moins remarquables, formeront un foyer

de conviction où les consciences les plus rebelles
à l'ascendant de la vérité sentiront enfin se dissiper leur incertitude.

Le comité-directeur arrêta, en décembre dernier, un plan général d'insurrection. Après de
longues délibérations, il avait senti que, ne pouvant plus susciter dans une révolte ni les masses
populaires, ni quelqu'homme célèbre, puisque
le seul qui méritât ce nom venait d'expirer, il ne
lui restait qu'à tenter, à l'aide des militaires et
des carbonari, des insurrections partielles qui,
éclatant à-la-fois dans diverses provinces, ser-
viraient de point de ralliement à tous les mé-
contens. Ce plan permettait aux conspirateurs
de diviser leurs forces, qu'ils n'auraient pu rassembler d'abord sans éveiller l'autorité, et d'agir
séparément, pour ensuite former de ces ruis-
seaux grossis dans leur course, un torrent irré-
sistible.

Il fut convenu que l'attaque aurait lieu à-la-
fois dans les départemens de l'Est, de l'Ouest, et
du Midi; le premier soin du comité fut de se ménager des places fortes. Belfort qui, en 1815,
avait vu un petit nombre de troupes françaises
résister aux armées étrangères, fut d'abord con-
voité par les conspirateurs. Selon l'acte d'accusation dressé par M. le procureur-général de la
Cour royale de Colmar, et d'après les aveux positifs de Letellier, cet officier, ainsi que plusieurs

de ses camarades, officiers comme lui au 29e. régiment, furent corrompus, et pervertirent à leur tour quelques sous-officiers qui devaient livrer la place dans la nuit du 1er janvier. Pour seconder ce coup-de-main, la vente suprême ordonna à un grand nombre de ses gens de se trouver à Belfort pour cette époque. Vers la fin de décembre, les voitures publiques de l'Alsace étaient remplies d'une foule de personnages mystérieux qui tous se rendaient à Lure et Mulhausen. Là, ils trouvaient les fourriers de la conspiration chargés de les diriger par étapes, de leur indiquer les moyens de transport, et de leur donner la consigne et les mots d'ordre. C'est ainsi que des élèves échappés aux écoles de Paris, se trouvèrent réunis, dans la saison de l'hiver, entre les froides montagnes du Jura et des Vosges, dans un pays inconnu pour eux et ayant quitté furtivement leurs domiciles, leurs familles, sans faire d'adieux ou sans donner de prétextes plausibles sur un voyage aussi précipité.

La nuit fatale arrive, les conspirateurs sont prêts. Letellier assemble les sous-officiers de la garnison; et, autour d'une table où il leur sert du vin chaud, il les harangue sur les projets et et les largesses du gouvernement provisoire, puis les invite à aller attendre le signal de l'action. Presque tous ces officiers étaient gagnés, les autres sont séduits; deux d'entre eux restent

fidèles et vont révéler le complot au lieutenant-
colonel et au brave lieutenant de roi. Ces officiers se rendent à la caserne ; ils trouvent des
soldats descendant en armes, d'autres préparant
à la hâte leurs sacs et rajustant les pierres de
leurs fusils. Ils leur ordonnent d'éteindre leurs
lumières et de se coucher : un des traîtres leur
enjoint au contraire d'accélérer leurs préparatifs,
et frappe de son sabre un soldat qui hésite à
obéir. Le tumulte est à son comble, des conjurés sont tour-à-tour arrêtés et délivrés. Un ras-
semblement se forme à l'extrémité du pont, le
lieutenant de roi veut le dissiper ; un rebelle décharge son pistolet sur cet officier, qui fond sur
lui l'épée à la main, et tombe dans son sang en
criant *vive le Roi!* Les troupes fidèles sont at-
tirées par ce coup de feu, et les conjurés prennent
la fuite ou tombent dans les mains de l'autorité.
Les rues de Belfort, les eaux qui baignent les
remparts, font remplies d'armes, de munitions confectionnées par les insurgés. Des cocardes et un drapeau tricolores sont retirés des
latrines ; des sackos avec l'aigle, des lettres saisies sur des messagers, achèvent de divulguer les
desseins des conspirateurs.

L'arrêt intervenu le 13 de ce mois à la Cour
de Colmar, prouve du moins qu'il y a eu complot, puisque plusieurs individus ont été condamnés comme non-révélateurs du complot dont ils

5

avaient connaissance. Il prouve encore que ces
individus en avaient en effet une connaissance
bien intime, puisqu'ils ont été condamnés au
maximum de la peine malgré tous les symptômes
d'indulgence qu'on laisse par fois éclater envers
les non-révélateurs. Nous ajouterons qu'un des
accusés, le nommé Letellier, qui s'est présenté
comme conspirateur, et qu'on n'a accepté que
comme non-révélateur, a confessé, dans tous ses
détails, la conjuration à laquelle il avait pris
part; nous dirons enfin qu'un grand nombre des
accusés sont contumaces, et qu'à leur égard les
charges portées dans l'acte d'accusation subsistent
toujours.

Tandis que le complot échouait à Belfort, des
émissaires, arrivés clandestinement de Paris,
tentaient d'enlever le régiment des hussards du
Nord, en garnison à Joigny, et leurs manœuvres ont donné lieu à une instruction qui se
poursuit dans le département de l'Yonne contre
les contumaces. Les carbonari, envoyés en Espagne, recrutaient sur les frontières de France,
pour réparer l'échec éprouvé par leur avant-
garde qu'avait trop tôt soulevée l'imprudent Cugnet-Montarlot. L'un de ces embaucheurs, le
nommé Maillard, officier de l'ancienne garde,
a été, le 4 de ce mois, condamné pour ce fait
à la peine de mort par un conseil de guerre,
séant à Bayonne, et a subi sa peine le 17. En

même temps la cour d'assises de Pau condamnait par contumace Cugnet-Montarlot, comme auteur de propositions non agréées de complot. D'autres complots se tramaient dans le Midi et dans l'Ouest. Les nommés Vallée, ex-capitaine dans l'ancienne garde impériale, et Caron, chef de bataillon au 5e. régiment de ligne alors à Marseille, avaient été désignés par la Vente-suprême pour diriger une insurrection dans les murs de Marseille et de Toulon. A cet effet, ils recevaient des lettres-de-change de Paris sous un nom supposé. Ils parvinrent à affilier aux sociétés secrètes des *carbonari* un certain nombre d'anciens militaires et d'individus de toute profession. Au jour fixé, ils devaient marcher sur Paris en arborant le drapeau tricolore. Ce mouvement devait être soutenu, disaient-ils, par tous les bons cousins du département, et surtout par le 5e. régiment que le chef de bataillon Caron se vantait de conduire à son gré. Vallée se rendit à Toulon pour se faire des partisans; ne s'ouvrant d'abord que par degrés, il proposait aux soldats et aux marins de le suivre en Orient pour y délivrer les Grecs. Ce sujet lui fournissait une transition pour déclamer contre la tyrannie, puis contre toute espèce de souveraineté. Si l'on applaudissait à ses discours, il parlait plus clairement et apprenait qu'une vaste conspiration, organisée à Paris, devait éclater sous peu de jours, du nord au midi et de l'est à l'ouest. Il engageait ses auditeurs à partager la gloire des révoltés, et à se faire *carbonari*. Ne se fiant point à sa mémoire, il avait écrit, malgré les prohibitions de l'ordre, quelles étaient les obligations principales de cet ordre ; il lisait à ses adeptes un écrit ainsi conçu :

« Le but est de conquérir la liberté. Peine de mort contre celui qui viole ses engagemens. Se munir d'un fusil, baïonnette et cartouche. On ne doit pas chercher à connaître les membres d'un autre cercle, ni ceux du cercle supérieur aux ordres duquel il faut obéir ; on correspond avec lui par un député. »

Plusieurs citoyens, amis de leur pays, et à qui Vallée s'était ouvert, n'hésitèrent point entre de vains scrupules et le danger de voir la France livrée aux entreprises des rebelles. Ils arrêtèrent Vallée, et l'on trouva sur lui l'écrit que nous venons de rappeler, déchiré en soixante-trois morceaux. Il fut traduit devant la cour d'assises du Var. Tous les faits que nous avons exposés furent prouvés par l'instruction et les débats. Vallée a été puni de mort, et le parti l'a loué publiquement de la fermeté avec laquelle il avait repoussé, en mourant, le ministre de paix qui lui présentait le Dieu de miséricorde. Un de ses complices, Florentin Salomon, expie par dix ans de bannissement des propositions de complot.

Caron avait pris la fuite sous le nom d'Henimann. Il ne faut pas le confondre avec un carbonaro du même nom, que le comité envoya délivrer les accusés de la conspiration de Belfort.

Vers le même temps, c'est-à-dire au mois de janvier dernier, d'autres complots, coïncidant avec ceux dont on vient de parler, se fomentaient dans les départemens de Maine-et-Loire et de la Seine-inférieure. Le comité-directeur desirait acquérir Saumur, à cause de son château et de son école royale de cavalerie, composée de sous-officiers que l'on supposait plus faciles que ceux d'un grade supérieur, à se laisser séduire par le chimérique espoir d'un avancement. Le lieutenant Delon fut donc chargé d'initier les élèves de cette école à la secte des carbonari, ou au moins à la société préparatoire des amis de la liberté. Ce dernier titre fut en effet conféré mystérieusement à un certain nombre de sous-officiers. Parmi ces nouveaux frères, Sirejean et Coudert se montrèrent bientôt dignes d'être eux-mêmes les apôtres de l'association. Les nouvelles que Delon recevait de ses commettans à Paris enflaient tellement la présomption des conjurés, qu'ils mettaient peu de soin à cacher leurs projets. Ils faisaient hautement l'énumération des forces du parti, et s'entretenaient dans les corridors de l'école, de la marche des troupes insurgées, des villes qui allaient arborer les couleurs séditieuses,

et du temps qu'il faudrait pour se rendre dans la
capitale, pour y saluer le nouveau gouvernement.

Ces indiscrétions éveillèrent l'attention des
chefs. Quelques uns des conjurés furent arrêtés ;
ceux qui restaient en liberté résolurent d'assassiner le sieur Duval, qu'ils soupçonnaient d'être un
des révélateurs ; celui-ci fut prévenu, et par ordre
de ses officiers coucha hors de sa chambre, à
la porte de laquelle vinrent en effet l'attendre
deux assassins.

Le conseil de guerre de la 4e. division militaire,
séant à Tours, fut saisi de cette affaire. Delon
qui s'était enfui, fut condamné par contumace à
la peine de mort ; la même peine fut prononcée
contre Sirejean qui l'a subie ; sept autres individus furent condamnés à plusieurs années d'em-
prisonnement, pour n'avoir pas revélé le complot
dont ils avaient eu une intime connaissance. Deux
d'entr'eux se sont récemment évadés de leur prison. Les évasions qui se sont multipliées sur plusieurs points, et toutes les machinations inventées pour arracher les conjurés à la justice, prouvent combien ils ont d'intelligences au-dehors.

A la même époque, c'est-à-dire, au mois de
janvier dernier, à ce mois qui est, en quelque
sorte, le cratère où le comité-directeur avait ac-
cumulé les élémens d'un grand incendie, la lave
révolutionnaire devait ravager Nantes.

Aux termes de l'acte d'accusation dressé contre eux, Raymond et Delhaye, officiers au 13e. régiment de ligne, en garnison à Nantes, proposèrent, le 11 janvier, au sergent-major Feydit et à d'autres militaires, de les affilier à la société des carbonari. Ceux-ci y consentirent; dès-lors on leur exposa les statuts, les obligations, les sermens de l'institution; on leur apprit qu'il s'agissait de faire main-basse sur les officiers suspects, d'aborer le drapeau tricolore et de se joindre avec leurs soldats aux bourgeois-carbonari; qu'on passerait à Rennes et à Angers pour se fédérer avec les bons cousins de ces deux villes; qu'on irait ensemble à Tours, où devait se trouver un renfort considérable, et que de-là, on marcherait sur Paris, où le gouvernement provisoire était si bien préparé, qu'il n'y aurait plus qu'à lever la toile pour le montrer en pleine activité.

Le 22 du même mois, et dans la nuit, les nouveaux *carbonari* furent introduits avec leurs devanciers dans une chambre écartée. Ils y trouvèrent assis devant une table, où il avait déposé ses pistolets, le député du comité de Paris, portant une perruque et des besicles. Il leur dit qu'il était chargé de délivrer des brevets d'avancement à ceux qui s'en rendraient dignes; puis il harangua les carbonari, en leur promettant que bientôt le gouvernement provisoire leur donnerait le signal qu'ils attendaient avec impatience. Le moment d'agir approchait; quelques-uns des conjurés sentirent des remords ; ils firent des révélations ; il fut procédé contre eux et contre ceux qu'ils avaient désignés. Les débats furent orageux , on entendit la sédition rugir autour du temple de la justice. Les accusés ont été acquittés par une déclaration du jury ; ainsi les faits qui leur étaient reprochés , semblent écartés par la force de la chose jugée. C'est du moins ce qu'il faudrait dire, si la plupart des accusés de Nantes n'avaient pas , en avouant eux-mêmes leur culpabilité , renoncé à la présomption d'innocence, que leur absolution semblait proclamer. Que le jury , touché de leurs aveux ou de toute autre circonstance atténuante , ait cru devoir prononcer leur acquittement ; personne n'a le droit de censurer cette décision souveraine , rien ne peut ravir à ceux qui l'ont obtenue, le bénéfice qui en résulte, c'est-à-dire , l'assurance de ne plus être recherchés , à l'avenir, pour le fait dont ils sont à jamais libérés. Quant à une réhabilitation morale , ils ont eux-mêmes consenti à ne point la réclamer, puisqu'ils ont confessé qu'ils étaient affiliés à une association dont le but, les conditions et les sermens caractérisaient précisément , ainsi qu'il résulte de leurs propres interrogatoires , les crimes qui leur étaient imputés. Qu'ils se bornent donc à jouir de leur liberté ; qu'ils en jouissent mieux , s'il se peut, que quelques uns de ceux qui, absous par la Cour des Pairs, auraient aussi pu se prévaloir de la chose jugée; s'ils n'avaient pas préféré, à ce simulacre d'innocence qui pouvait les compromettre aux yeux de leur parti, s'élancer du banc de la plus haute imposante juridiction dans les élémens d'une nouvelle conspiration, et prouver par-là que la justice la plus sage et la plus éclairée ne saurait elle-même pénétrer jusque dans l'abîme des cœurs !....

Vous avez vu comment tous les complots, préparés pour le mois de janvier dernier, avaient manqué leur effet. Le comité-directeur sera-t-il enfin découragé par ce peu de succès? Non, Messieurs, vous allez le voir conspirer encore. Et pourquoi se serait-il avoué vaincu? N'avait-il donc pas toujours des ressources immenses dans la publicité de ses principes séditieux qui, exerçant sur les générations européennes une sorte de conscription odieuse, fait passer chaque année, chaque jour dans les rangs de la faction, une foule d'êtres égarés? Pourquoi se fût-il avoué vaincu? N'avait-il pas toujours pour auxiliaires le besoin de parvenir par tous les moyens, le mépris des devoirs sociaux, l'abolition des respects humains, la défiance et l'insubordination envers les autorités paternelles et protectrices, la présomption d'une jeunesse prématurée, rejetant avec une dérision bruyante l'expérience qui coûte si cher et dont l'on profite si peu ! N'avait-il plus des in-

6

telligences dans notre propre camp ? n'était-il
plus servi en secret par l'indulgence irréfléchie d'une foule de citoyens et même des plus
fidèles ; indulgence aussi éloignée d'une véritable
modération que l'exagération, qui n'est que la
colère de la faiblesse, est éloignée de la véritable
force ? N'avait-il plus dans ses intérêts une philanthropie imprudente et toutes ces fausses vertus
du siècle, qui blâment l'énergie comme de l'exal-
tation et qui conseilleraient de capituler à la victoire elle-même ? Ne pouvait-il plus compter sur
l'inaction des bons et l'activité des méchans, sur
l'absence de toute institution grande, généreuse,
monarchique et capable de ramener au sentiment du bien des esprits inquiets, empressés
d'explorer le mal pour y trouver des émotions
qui ne leur sont plus offertes ailleurs ? Pourquoi
enfin se serait-il confessé vaincu ? avait-il perdu
ses trésors ? lui avait-on enlevé ses chefs ? était-
il étroitement cerné, ou bien l'avait-on réduit,
par un avantage décisif à résigner son insolente
souveraineté ? Non, il était encore la puissance
du mal, comme la légitimité est la puissance du
bien ; ses domaines étaient encore entiers, ils
étaient immenses, ils s'étendaient jusqu'aux bornes de la patience du Gouvernement, qui mesure sans doute sa modération au noble sentiment de ses droits et à la conscience de sa durée.

Le comité-directeur pouvait donc conspirer.

encore, et il conspira, ou plutôt il était, sous ce
rapport, en permanence, ayant donné ordre à
ses affidés de saisir toute occasion de conspirer,
attendu que la France entière était préparée à
une explosion générale, qui, pour éclater, ne
souhaitait que le noyau d'une insurrection pour
se grouper à l'entour. D'après ces instructions,
chaque Vente de *carbonari* épiait donc l'instant
favorable à ses projets ; c'est ici qu'il faut vous
parler des complots de Thouars, de Strasbourg,
et plus particulièrement de celui de La Rochelle.

Le premier complot ourdi à Saumur par Sirejean et ses complices, complot dont nous avons
précédemment parlé et qui n'a pu arriver à sa
maturité, devait se combiner avec l'insurrection des départemens de l'Ouest. L'échec de
Saumur n'avait point ralenti le zèle de tous ceux
qui étaient initiés au projet de ce mouvement
dirigé par l'ex-général Berton : suivant un acte
d'accusation et des pièces de procédure, où nous
puiserons des renseignemens à ce sujet, ce général, chargé par le comité-directeur de soulever
la Bretagne et la Vendée, s'était d'abord rendu
à Saint-Malo où il s'efforça de gagner le colonel
Rapatel. Il promet à cet officier le grade de maréchal-de-camp et 10,000 fr. de rentes s'il veut
disposer son régiment à seconder l'entreprise
concertée pour l'expulsion des Bourbons. Ses

propositions étant rebutées, il court à Brest et en fait de semblables à un officier de marine qui se hâte de révéler à l'autorité de criminelles confidences. De Brest, le général Berton va à Monteneuf, à Rennes, à Vanne, à Saumur, à Partenay, à Thouars ; partout il prophétise une révolution prochaine, il publie que les temps sont arrivés, il montre vingt départemens se soulevant à-la-fois au signal parti de la capitale, il désigne nominativement les membres du gouvernement provisoire ; aidé d'une foule de *carbonari*, de *chevaliers de la liberté* et de militaires en retraite, il égare quelques citoyens indignes de fouler ce sol héroïque de la Vendée et de la Bretagne, terre classique du véritable honneur et des vertus monarchiques, terre amie des lys, et de qui l'on pourrait dire qu'il faudrait y chercher la fidélité, si elle se perdait en France.

Ici se place un incident dont il n'est pas fait mention dans l'acte d'accusation de la cour royale de Poitiers, mais que des faits positifs font sortir néanmoins du rang des simples conjectures. Tout porte à croire, en effet, que lorsque le général Berton crut avoir suffisamment préparé l'insurrection de l'Ouest, il revint clandestinement à Paris, afin de s'aboucher avec les coryphées de la faction pour prendre ses dernières instructions et s'enquérir si la découverte des complots de Toulon, de Saumur, de Tours et de

Nantes, n'a rien changé aux dispositions générales. Tandis que Berton attend à Paris son audience de congé, il est aperçu, et un mandat d'amener est lancé contre lui. Instruit du danger qui le presse, il quitte précipitamment la capitale, il se persuade qu'il n'est plus pour lui de sécurité qu'à la tête des carbonari qui lui ont donné parole dans le département des Deux-Sèvres, et qui ont pris la ville de Thouars pour leur quartier-général. Cette précipitation qui fit échouer l'entreprise, provoqua les réprimandes du comité-directeur irrité que le général Berton eût agi sans avoir reçu ses derniers ordres. Quoi qu'il en soit de cette version que semble justifier, et l'existence du mandat d'amener, et le blâme qui fut déversé dans la haute Vente sur le général Berton, il est certain, et ici nous rentrons dans l'acte d'accusation de la cour royale de Poitiers, que le général se rendit à Thouars, où ses principaux agens, le colonel Alix, le lieutenant Delon, Pombas, officier à demi-solde, commandant la garde nationale de Thouars et plusieurs bourgeois de cette ville, avaient pris soin d'appeler les conjurés des lieux circonvoisins. Ils accoururent de Parthenay, de Thénezay, de Nantes; d'autres restèrent dans leurs arrondissemens respectifs afin de disposer les esprits à prendre part à l'insurrection et fomenter des rassemblemens populaires.

Dans la nuit du 24 février, le général Berton avait revêtu son grand uniforme au milieu de tous les conjurés, qu'il divisa en plusieurs bandes, après leur avoir fait prendre la cocarde tricolore. Les uns se rendent à la caserne de la gendarmerie, et par surprise ou par menace font main-basse sur la brigade ; d'autres font sonner le tocsin et battre la générale, procèdent à des arrestations, à des visites domiciliaires, à des confiscations, et font planer sur cette anarchie l'étendard aux trois couleurs ; le buste du Roi est outragé, des vociférations révolutionnaires retentissent de toutes parts, le gouvernement provisoire est exalté, et deux proclamations sont publiées. Dans l'une, adressée au peuple, on annonce le renversement de l'autorité royale et la suppression des contributions indirectes ; dans l'autre, adressée à l'armée française, on cherchait, comme de coutume, à flagorner les soldats, on préconisait leur parjure, on fardait leur trahison.

Berton, qui avait signé ces proclamations comme général commandant l'armée nationale de l'Ouest, décréta en cette qualité une nouvelle organisation des autorités locales, puis annonça qu'il fallait marcher sur Saumur, où les membres du gouvernement provisoire viendraient s'installer.

Il marcha sur Saumur avec sa bande, que

joiguirent chemin faisant une foule de carbonari
et de chevaliers de la liberté. Les complices de
Rennes, de Nantes, de Vernoil, de Varrains et
autres lieux, furent exacts au rendez-vous; ils se
dirigèrent vers Saumur, tandis que d'autres conjurés secondaient le complot dans l'intérieur de
cette ville.

Berton traverse Montreuil aux cris de *vive la
liberté, vive Napoléon II!* Il y reçoit des émissaires qui lui apprennent que tout est prêt pour
le recevoir à Saumur. Mais sur ces entrefaites les
autorités de cette place sont instruites de sa marche, et la garnison prend les armes. Après des
pourparlers dont il est inutile de vous rendre
compte, Berton fut forcé de se retirer, et bientôt
sa bande se dispersa; plus tard il revint aux
mêmes lieux dans l'espoir d'y tenter les mêmes
entreprises, et c'est alors qu'il fut pris et livré à
la justice.

Tandis que l'on conspirait à Thouars, on conspirait aussi à Strasbourg.

Le succès des carbonari à Strasbourg eût bien
réparé l'échec de Belfort. On essaya donc au mois
de mars dernier, de souffler un mauvais esprit sur
la garnison de cette place. Il résulte des dépositions des témoins, et même des déclarations de
deux accusés, que des officiers y cherchèrent
des partisans de la charbonnerie; ils révélaient
à leurs adeptes, dans les mêmes termes que

l'avaient fait les meneurs de Toulon, de Saumur, de Nantes et autres lieux, quels étaient les devoirs et les projets de cette société secrète; ils donnaient à ceux qu'ils y admettaient, des renseignemens qui justifient encore tout ce que nous avons dit sur l'organisation, le but, les moyens, les actes des membres de la secte et de l'existence d'une Vente suprême instituée à Paris. La Vente des carbonari de Strasbourg fut découverte.

Le second conseil de guerre de la 5e. division militaire prononça sur cette affaire; les accusés furent condamnés; leur révélation et le repentir qu'ils témoignèrent plus d'une fois pendant l'instruction ont-ils milité en leur faveur lors de l'application de la peine? nous l'ignorons; mais quelles que soient les considérations qui l'aient atténuée, cette peine, toute légère qu'elle est, prouve au moins, en la rapprochant des aveux des accusés, qu'il y avait, de la part de ces derniers, initiation à la société secrète des *carbonari*, à cette société que ses statuts ont armée pour le renversement de la dynastie et de toute puissance légitime, à cette société, qui reçoit son impulsion du pouvoir placé au milieu de sa trame.

Tout ce qui précède est l'avenue naturelle du procès que vous allez juger, ou plutôt c'est une partie inhérente à ce procès, sur lequel vous ne pouvez statuer qu'en le considérant dans son ensemble, c'est-à-dire, dans le système général

auquel il se lie. Vous avez à prononcer sur des
accusés initiés à la secte des *carbonari* ; il fallait
donc, préalablement, faire connaître à ses
œuvres, cette société secrète et le but qu'elle
se propose ; vous avez à prononcer sur des accusés trouvés dans une conspiration, il fallait
donc, avant tout, vous apprendre quelle était
cette conspiration, dont vous n'auriez jamais pu
apprécier la gravité si nous nous étions borné
à discuter la cause proprement dite ; car elle n'est
en quelque sorte qu'un fragment d'une grande
accusation partagée entre les tribunaux du Var,
d'Indre-et-Loire, de la Vienne, du Haut-Rhin
et de la Seine : telle est la pensée qui doit do-
miner toute la discussion à laquelle nous allons
maintenant nous livrer.

Le 18 avril 1821, le 45e. régiment de ligne
vint à Paris : ce régiment avait un excellent esprit, qu'entretenait son colonel, M. le marquis
de Toustain, remarquable par son dévouement,
par la loyauté de son caractère et toutes les qualités de sa profession. Cet ancien militaire, secondé d'un corps d'officiers recommandables,
avait su entretenir parmi ses soldats le feu sacré
de la fidélité, et en arrivant à Paris, il ne suspectait que les opinions de deux seuls individus,
le capitaine Massias et le sergent-major Bories.
Mais le séjour de la capitale, où la surveillance
des chefs est moins immédiate, dut exposer le

7

45ᵉ. aux moyens de captation que le parti sait artistement préparer.

Vous ne l'ignorez pas, Messieurs les Jurés, c'est principalement autour des écoles et des casernes que la politique de la vente suprême a tendu ses filets. C'est là que circulent et ses adulations hypocrites, et ses perfides séductions, et ses adroits mensonges, et toutes les ruses de sa perversité. Vous avez entendu le témoin Laumeau vous dire que trois individus décorés l'avaient attiré dans un café à Paris, et lui avaient proposé d'entrer dans une association où il recevrait de l'argent quand il en aurait besoin.

Aux termes de l'acte d'accusation, le capitaine Massias fut d'abord recherché de plusieurs carbonari élevés en dignités ; il fut initié à l'association, et il dut en connaître les chefs ; mais cet officier, soit indolence ou circonspection, ne montrait pas dans ses nouvelles relations une ferveur et un dévouement qui pussent promettre à ses patrons un propagateur des maximes dont ils l'avaient infecté. Ils jetèrent donc les yeux sur un homme plus entreprenant, plus actif et plus digne d'être l'apôtre des *carbonari* dans le 45ᵉ. régiment ; peut-être même pour se faire excuser sa tiédeur, le capitaine Massias s'empressa-t-il de chercher un second capable de faire ce qu'on osait attendre de lui. Quoi qu'il en soit, le sergent-major Bories fut reçu *car-*

bonaro et chargé d'organiser une *vente* dans le sein de son régiment. Il montra, dans cette mission, autant d'ardeur que le capitaine Massias montrait de prudence. Il s'adressa à un grand nombre de sous-officiers ; les uns s'effrayèrent du serment, les autres de l'entreprise. Ces résistances lui apprirent à ne procéder que par degré et à lever peu à peu le voile de la secte conspiratrice aux yeux timides qui ne pouvaient tout d'un coup envisager un grand forfait. Mais il n'usait pas de ces ménagemens préliminaires à l'égard de ceux qui, dès les premières ouvertures, se montraient ce qu'on désirait qu'ils fussent. Bientôt, selon l'esprit propagateur de la charbonnerie, les élèves de Bories devinrent eux-mêmes des maîtres. Il reçut notamment les sergens-majors Pommier, Labouré, Castille ; les sergens Goubin, Hue, Cochet, Barlet, et les caporaux Gautier, Thomas et le Coq. Ceux-ci font des recrues à leur tour ; Labouré séduit le sergent Asnès ; Goubin entraîne le sergent Raoulx et le caporal Demait. Enfin, et si nous poursuivons cette généalogie contagieuse, nous voyons Pommier engendrer pour la charbonnerie le sergent Dutron, et, en attendant mieux, le soldat Bicheron ; de son côté, Raoulx animé du même zèle, gagne le sergent Perreton et le soldat Lefèvre. Bicheron et Lefèvre furent les seuls soldats du 45e. régiment qu'on voulut ou

qu'on pût initier. Ces simples militaires coû-
taient à séduire autant que les sous-officiers, et
n'avaient pas autant d'influence. C'était une corruption individuelle, et il fallait une corruption
par masses ; on dédaigna donc de s'adresser aux
soldats pour procéder d'une manière plus expé-
ditive en s'assurant des sous-officiers, qui ensuite
sauraient bien se faire obéir de ceux qui étaient
sous leurs ordres , sans qu'il fût besoin de faire
descendre jusqu'à ces derniers, les secrets des
carbonari.

Bories, chef, et en quelque sorte créateur
d'une vente militaire dans le 45e. régiment, présidait cette vente, et en conséquence procédait à
la réception solennelle des adeptes ; il accueillait les sermens qu'il leur faisait prêter sur la lame
d'un sabre ou d'un poignard ; il leur indiquait le
but de la conspiration , il leur promettait de
l'avancement.

Sa double qualité de fondateur et de président
de la vente du 45e. régiment lui donnait d'autres
prérogatives ; elle le constituait de plein droit
député de cette vente particulière à la vente centrale dans le ressort de laquelle elle se trouvait , et
qui se nommait la vente *Wasingthon.* Là , un plus
grand horizon s'étendait devant lui ; car cette
vente centrale, ainsi que toutes les ventes de ce
rang intermédiaire , communiquait, par l'entremise de l'un de ses membres, avec la haute vente

dont elle recevait immédiatement les ordres.
Cette espèce de soupirail ouvert en quelque sorte
sur le repaire du gouvernement occulte, laissait
arriver jusqu'à la vente centrale où Bories se
trouvait appelé, les exhalaisons de ce nouvel
enfer; aussi chaque fois que le président de la
vente du 45ᵉ y était admis, il allait ensuite
échauffer du feu dont il était embrasé, les tièdes
résolutions des membres de cette vente roturière
éloignée du foyer principal. Les interrogatoires
que l'accusé Hénon a subis le 8 avril, et que l'accusé Pommier a subis le 25 mars, et les 6 et 15
mai, nous ont initié aux mystères de la vente
centrale dont relevait Bories. Cette vente était
présidée par Baradère, avocat stagiaire; on y
voyait figurer Hénon, ancien militaire, et depuis
instituteur dans le faubourg Saint-Marceau;
Rosé, employé à la compagnie royale d'assurance; Gauran, étudiant en médecine.

Baradère, comme président, était député à
la haute vente dont il transmettait les volontés
aux députés des ventes particulières qui relevaient de la vente centrale. Les *carbonari* qu'il
présidait l'interrogeaient avec empressement sur
les projets des chefs, et sur l'espèce de gouvernement qui devait succéder à celui qu'on allait
détruire. Baradère avouait que le comité directeur n'était pas d'accord sur ce point; il déplo-
rait avec les siens cette divergence d'opinions,

capable de décourager les *carbonari*; la vente
centrale de Baradère désira sortir de cette incertitude, et savoir enfin si elle travaillait pour la
république ou pour l'empire; elle fit à la haute
vente une adresse énergique en l'invitant à se déclarer.

La haute vente censura l'indiscrétion de ses
subordonnés, et leur rappela qu'une obéissance
aveugle était un de leurs premiers devoirs; au
surplus elle daigna leur faire entendre que ce
qu'elle voulait, était, non pas de prendre la liberté d'imposer un gouvernement au peuple,
mais de détruire les obstacles pour le mettre en
état de choisir lui-même.

Bories avait acquis dans ses relations avec la
vente Wasinghton toutes les qualités d'un conspirateur. Sous son influence active, la vente militaire du 45e. régiment s'était complétée; elle était
prête à seconder de tous ses efforts le mouvement
général. Bories fit part de ces dispositions à Baradère, et lui apprit en même temps que le régiment devait partir le 21 janvier 1822 pour La Rochelle. Ils convinrent ensemble qu'avant ce départ il fallait procéder à la distribution des
poignards, cérémonie qu'on avait jusqu'alors
ajournée, parce qu'on craignait que des militaires français ne trouvassent point de leur goût
de pareils présens.

Bories ayant reçu les poignards, les uns en

lames, les autres emmanchés, invita quatre membres de sa vente, les accusés Pommier, Goubin, Raoulx et Thomas, à l'assister dans la répartition de ces armes criminelles. Si l'on en croit les déclarations de ces quatre accusés, renfermées dans les interrogatoires qu'ils ont subis, tant à La Rochelle qu'à Paris, ce n'est qu'en frémissant et avec hésitation qu'ils acceptèrent une pareille mission ; selon eux, Bories n'aurait vaincu leur répugnance qu'en leur disant qu'ils n'étaient plus maîtres de refuser, d'après leur serment formidable : ces accusés se crurent donc obligés de rester fidèles aux sermens du crime, quand ils n'avaient pas hésité à trahir ceux qu'ils devaient à leur Roi, à leur patrie.

C'est sans doute un spectacle abject et déplorable, que cette importation des poignards en France, que cette apostasie de l'honneur national. Ici vous voyez, comme en toutes les autres occasions, les discours des factieux démentis par leurs actions, car tandis qu'ils ne cessent d'exalter la gloire militaire, ils voudraient la flétrir en imposant à nos guerriers l'arme des traîtres et des lâches. C'est ainsi qu'on vit leurs aînés, durant la révolution, pénétrer dans les camps sous le titre de proconsuls, pour y déshonorer la victoire par de froides atrocités. Dans ces temps de terreur et d'épouvante les soldats osaient cependant refuser l'office des bourreaux ; faut-il que de nos jours il s'en soit trouvé qui aient prononcé les sermens et agréé le fer des assassins ! Que cette honte soit leur première punition ! leur main, qui a touché le poignard, sera condamnée à trouver pesante l'épée du brave, et ils baisseront désormais les yeux en passant devant les trophées de leurs frères.

Cependant, Messieurs, il est doux de croire que plusieurs des accusés ont éprouvé une impression pénible en recevant ces poignards ; c'est peut-être parce qu'il les vit inquiets et préoccupés que Bories fit sentir à la *vente* centrale le besoin de raffermir par quelque moyen leur esprit chancelant. Il en fut référé à la haute vente, qui vota une allocation de fonds. Ces fonds furent remis aux principaux membres de la vente militaire pour faire boire les soldats carbonari. A la faveur du vin, on leur tenait des discours propres à relever leur courage ; on leur disait que l'affiliation des carbonari couvrait toute la France, et que les chefs les plus habiles et les plus renommés composaient le comité-directeur. Mais ces orgies et ces propos, loin d'exciter l'enthousiasme de la plupart des conjurés, leur causaient une sorte d'inquiétude en leur faisant pressentir le moment prochain d'une action périlleuse où ils se précipitaient en aveugles, sans autre garantie des ressources qu'on leur promettait que les paroles du sergent-major Bories. La crainte de se compromettre sans espoir de succès, et de se voir abandonnés à leurs propres forces dans une entreprise téméraire, en rendit quelques-uns incrédules et défians. Ils désiraient que Bories leur prouvât qu'ils étaient soutenus par des auxiliaires déterminés à les secourir et à partager leur bonne ou leur mauvaise fortune.

Le président de la vente militaire fit un rapport à la vente centrale sur la position où il se trouvait; on y eut égard, et il fut résolu que pour inspirer de la confiance aux membres de la vente militaire, on leur enverrait des députés de la vente centrale, chargés de les haranguer et de fraterniser avec eux.

Comme président, Baradère fut désigné; mais soit qu'il craignît de donner une étendue trop excentrique à ses relations, et de multiplier ainsi les chances périlleuses; soit que tout orgueilleux de frayer avec les hauts et puissans personnages de la vente supérieure, ce jeune apôtre de l'égalité dédaignât de s'aboucher avec des carbonari de troisième classe, il fit nommer à sa place l'accusé Hénon, qui a déclaré lui-même avoir accepté au refus de Baradère la commission dont il s'agit. On lui donna pour acolytes les accusés Gauran et Rosé.

Il résulte des aveux d'Hénon qu'il chercha un local pour y réunir la vente du 45e. régiment. Il s'adressa à Gaucherot, marchand de vin, Mon-

tagne Sainte-Geneviève, à l'enseigne du Roi-
Clovis, et lui demanda une chambre qui pût contenir une quinzaine de personnes. Gaucherot
avait une salle commune qui en eût reçu un plus
grand nombre ; mais il fallait être seuls, et voilà
ce qui explique pourquoi Hénon fit choix d'une
petite pièce particulière qu'il fut convenu d'a-
grandir par la suppression d'une cloison.

Les sous-officiers de la vente du 45ᵉ régiment
s'y rendirent en effet par groupes séparés, pré-
textant que leur réunion avait pour objet un
assaut d'armes, bien qu'ils n'eussent point de
fleurets, et qu'on n'ait entendu aucun bruit indi-
cateur d'un pareil exercice. Les trois commissaires de la vente centrale Wasingthon y vinrent
de leur côté. En entrant ils demandèrent à Gaucherot où était la réunion des militaires. Cette
réunion est constatée par la déposition de Gaucherot et de sa femme, ainsi que par les déclarations d'Hénon, de Goubin, de Pommier, de Bicheron et de Raoulx.

Après avoir vidé quelques flacons, on aborda
le véritable sujet de la réunion : Gauran et Rosé
se félicitèrent de se trouver avec de braves militaires, et par suite de complimens ils cherchèrent à monter l'esprit de leurs convives au ton du
discours que l'orateur Hénon avait composé d'a-
près les idées de Baradère. On fit silence, Hénon
prit la parole, il débuta par l'éloge obligé des ar-

mées françaises; il vanta la gloire dont elles se cou-
vrirent en 1792 lorsqu'elles marchèrent à la conquête de la liberté et que le bruit de leurs pas
ébranlait les trônes de l'Europe ; cette époque
où le principe de l'égalité ne fut imposé que le
temps strictement nécessaire pour que la puissance et la fortune changeassent de place, et
devinssent, au détriment de ceux qui les possé-
daient, le partage des plus obscurs; cette époque
où tout-à-coup grandirent tant de nouveaux personnages, en montant sur les débris de l'État
bouleversé, devait plaire en effet à des auditeurs subalternes qui croyaient que dans leur
intérêt une seconde révolution était indispen-
sable.

Après avoir ainsi captivé leur attention par
son exorde, dont le sens indiquait la recette des
fortunes militaires, l'orateur leur donna le grand
et mémorable exemple des armées espagnoles,
ou plutôt de quelques régimens qui, brisant le
frein d'une discipline importune , avaient d'eux-
mêmes dicté des lois à leur souverain, à leur
pays, et donné le branle aux guerres civiles qui
ravagent la péninsule, avilissent l'autorité légitime, répandent le chaos de l'anarchie , le tout
pour la plus grande gloire possible de quelques
soldats révoltés.

Ces discours échauffèrent l'imagination des
carbonari de la Vente militaire; ils se sépare-

rent enchantés de l'avenir que le prophète Hénon était venu dérouler à leurs yeux, et toute
la nuit qui suivit ce beau jour, les trophées des
Quiroga et des Riégo troublèrent le sommeil
des sergens et des caporaux du 45ᵉ.

On a voulu, dans les débats, forcer l'accusation à déterminer la date précise de cette réunion, et on a paru induire de ce que Gaucherot
a déclaré le 15 avril, qu'elle avait eu lieu il y
avait peut-être deux mois environ, qu'elle ne
remontait pas au-delà de février, ce qui serait
un *alibi* pour tout le 45ᵉ. régiment, qui partit
pour La Rochelle le 21 janvier. Nous répondrons que Gaucherot et sa femme ont dit qu'ils
étaient dans l'impossibilité de fixer cette date
d'une manière précise ; que du reste ils n'ont
eu que cette fois une réunion de militaires, que
cette fois seulement ils ont défait la cloison d'une
pièce particulière ; nous ajouterons que plusieurs
des accusés militaires ont avoué qu'ils en faisaient
partie, et que par conséquent cette réunion,
comme ils le déclarent en effet, a eu lieu au
mois de janvier, avant le 21, jour de leur départ. Enfin ils déclarent encore qu'il y avait
trois bourgeois à cette même réunion, et que
l'un d'eux avait lu un discours, faits précis qui
se trouvent également consignés dans la déclaration d'Hénon. Il est donc impossible d'équi-
voquer sur un fait aussi clairement établi.

L'entrevue au Roi Clovis avait si bien réussi ; que Bories desirait multiplier de pareils rapprochemens pour électriser sans cesse les membres de la vente. Dans ce dessein, il conduisit un jour Goubin au Palais - Royal, où cet accusé, ainsi qu'il l'a déclaré dans ses précédens interrogatoires, fut tout - à - coup entouré d'un essaim de *carbonari*, qu'il prétend ne pas connaître, mais qui ne s'en disaient pas moins de *bons cousins*. Ces individus firent compliment aux deux militaires, du bon esprit qui régnait dans leur régiment, appelé à l'honneur de concourir au mouvement insurrectionnel qui allait embraser les départemens de l'Ouest. Ils leur parlèrent de l'appui qu'ils trouveraient dans plusieurs régimens qui étaient déjà gagnés.

Le 45e. régiment devait partir peu de jours après ; il partait, et toutes les précautions étaient prises pour qu'il ne trahît point la confiance du comité-directeur. On avait distribué de l'argent aux soldats, on avait donné des instructions à Bories et au capitaine Massias ; ce dernier, bien que n'agissant point en apparence, ne voulant pas éveiller les soupçons ou compromettre son grade par les signes ostensibles d'une grande intimité avec des sous-officiers, n'en était pas moins resté en rapport avec les carbonari du cercle supérieur. Ceux-ci voulant ménager la seule épaulette qu'ils eussent dans le 45e. régiment, traitaient ce capitaine avec distinction, il était à leurs yeux une espèce de président honoraire de la vente militaire, ou plutôt c'était à lui que l'on devait adresser les ordres du comité-directeur et le dernier signal de l'insurrection.

Armés de poignards, munis d'exhortations perfides, approvisionnés de toutes sortes de maximes révolutionnaires, les carbonari de la vente militaire se mirent en marche avec leur régiment: ils arrivèrent à Orléans. Bories, qui était toujours le chef visible de cette vente, et qui savait que Massias devait recevoir d'un moment à l'autre l'ordre d'agir, voulut préparer ses complices à ce mouvement prochain ; tous savaient qu'ils étaient engagés par serment dans un complot dont le but était de changer le gouvernement ; mais la plupart ignoraient quand le complot devait éclater, et comment il éclaterait. Pour les instruire sur ce point d'une manière uniforme, Bories imagina de les réunir à un grand dîner dans la ville d'Orléans, à l'auberge de la Fleur-de-Lis. L'accusé Pommier a déclaré qu'il s'y trouva dix-neuf à vingt personnes. Goubin, Raoulx, Asnès, Bicheron, Barlet, Demait, Dutron, Gauthier, Labouré, Lecoq et Thomas, avouent qu'ils y ont assisté. L'un d'eux, l'accusé Bicheron, était même le prétexte de cette réunion ; ce carbonaro n'avait pas été initié avec l'appareil et les cérémonies d'usage; il fallait compléter sa réception, et c'était pour y procéder qu'on rassemblait les *bons cousins*. A la fin du repas, et après la réception solennelle de Bicheron, le président Bories prit la parole : il dit qu'étant à la veille d'agir, il était important que tous les conjurés connussent bien le plan, le but et les moyens de la conspiration ; il leur rappela d'abord, et l'analyse de ce discours est, comme nous le verrons, le résumé fidèle de quatorze déclarations, il leur rappela qu'étant carbonari, ils devaient se pénétrer du serment et des obligations que ce titre leur avait imposés ; que le moment de vaincre ou mourir pour la liberté était arrivé ; que selon toute apparence le régiment n'irait pas jusqu'à La Rochelle, et qu'il s'arrêterait après l'étape de Tours, c'est-à-dire à Sainte-Maure, où commencerait l'exécution ; que la destination présumée du 45e. régiment, d'après le plan général, était de se joindre aux insurgés du pays et de marcher sur Saumur dont les portes lui seraient livrées par la garnison qui était gagnée ; il ajouta qu'il attendait chaque jour ses dernières instructions, et qu'il les recevrait sans doute à Tours.

Ces explications positives dévoilaient tout le complot, et les carbonari du 45e. régiment savaient dès-lors à quoi s'en tenir. Les moins résolus, ceux qui déjà avaient montré quelque hé-

sitation à Paris, et ceux qui n'avaient pas encore
médité sur l'énormité du crime où ils étaient entraînés, firent bientôt des réflexions salutaires;
ils prirent la résolution de rompre les liens qui
les attachaient à la conjuration dont ils cessèrent
de faire partie, mais que cependant ils ne révé-
lèrent pas ainsi qu'ils le devaient aux termes de
la loi.

Bories, loin de se décourager par cette défec-
tion, ne laissait échapper aucune occasion
d'exalter l'esprit de ses complices, lorsqu'un
événement qui ne devait pas figurer au procès,
mais sur lequel Bories avait compté pour faire
du scandale aux débats, et pour fournir un
texte de déclamation à l'esprit de parti, obligea
le colonel de son régiment à le casser provisoirement, et à le mettre à la garde du camp pendant
la route, puis en prison à l'arrivée.

Un régiment suisse de la garde royale était
en garnison à Orléans. Par suite des libelles
répandus souvent contre les gardes-suisses,
coupables, aux yeux des malveillans, de leur fidélité au 10 août, les chefs des régimens français
veillaient à ce qu'il ne s'élevât aucune rixe entre
les deux armes. A son passage à Orléans, le colonel du 45e. fit un ordre du jour qui défendait
toute espèce de rixe, sauf à faire rendre justice aux soldats qui auraient été provoqués.
Comme tous les sergens-majors, Bories lut cet

ordre du jour à sa compagnie, et cependant il y contrevint. Il a essayé de se disculper avec des principes qui prouvent combien le langage de l'insubordination est familier à ce sous-chef de conjurés. Quant à nous, il nous suffit qu'il s'agisse ici d'un fait de discipline militaire, et qu'il y ait eu contre Bories une décision de l'autorité compétente, pour que nous devions présumer qu'il a été justement puni. Cet accusé n'en fut que plus irrité, et craignant de ne pouvoir à l'avenir agir aussi librement, il chargea Goubin de le remplacer près des carbonari du régiment. Pour l'investir en quelque sorte de ses fonctions, il voulut le mettre en rapport avec le capitaine Massias, ce mystérieux intermédiaire avec qui devaient correspondre les agens du comité-directeur. Arrivé à Tours, Bories conduisit donc son remplaçant Goubin au logement de Massias; ne l'ayant pas rencontré, ils y revinrent à une heure du matin. Cette démarche nocturne annonce suffisamment quel intérêt Bories et Goubin avaient à voir le capitaine, qu'ils ne purent trouver qu'à quatre heures du matin au corps-de-garde. Bories lui parla en particulier, et revint rendre compte à Goubin du résultat de la conversation. Il avait été convenu qu'à Sainte-Maure, où le régiment devait arriver le soir, Goubin irait prendre les ordres de Massias.

9

Le soir, en effet, Goubin fut trouver Massias, et lui demanda, c'est lui-même qui l'avoue dans ses interrogatoires, *s'il y avait quelque chose de nouveau de Paris.* Cet officier lui répondit, *qu'il n'avait rien reçu, mais qu'il attendait tous les jours de Paris une estafette.*

Le régiment continua sa marche et arriva à Niort. Dans cette ville florissait une société des amis de la liberté, que leur progrès dans la science révolutionnaire rendait déjà les dignes émules des *carbonari.*

Pommier et Barlet étaient venus dîner avec deux de leurs camarades, Goubin et Raoulx, logés chez un jeune chamoiseur. Ces quatre accusés découvrirent bientôt à ses discours que leur hôte était un enfant de la secte. Ce dernier s'en fit honneur, et, dès ce moment, ces individus fraternisèrent ensemble. Le chamoiseur leur proposa de les conduire dans un café dédié aux carbonari, et dont le maître était président de la haute vente de Niort. Ce président les reçut avec joie, des couplets séditieux furent chantés, des confidences furent faites à Goubin, auquel on apprit qu'il y avait, tant à Niort qu'à La Rochelle, plusieurs millions pour stimuler l'insurrection que tout le département des Deux-Sèvres attendait avec impatience. Le chamoiseur et le limonadier qui avaient été arrêtés, n'ont été renvoyés de l'accusation actuelle que sous la réserve faite au ministère public, de les poursuivre pour le fait d'un autre complot pratiqué à Niort.

Le 12 février dernier le régiment arriva à La Rochelle, et le jour même Bories fut mis à la prison militaire. Goubin, son successeur, et Pommier qui, après Goubin, était son plus cher confident, vinrent aussitôt conférer avec lui. Il leur recommanda de nourrir et de propager le feu de la révolte parmi les sous-officiers du régiment, d'entretenir fidèlement des intelligences avec les émissaires de Paris, et enfin de ne négliger aucune des mesures propres à assurer le plein succès de la conjuration.

Le 21 février, M. le colonel Toustain reçut de M. le lieutenant-général Despinois l'ordre de faire transférer à Nantes le sergent-major Bories. Voici à quelle occasion. Lorsque le régiment passa à Poitiers, le colonel permit à Bories, qui avait la fièvre, d'aller coucher dans son logement ; là, il fit parade d'une bourse remplie d'or et tint des propos séditieux, dont M. le vicomte de Malartic, maréchal-de-camp, commandant le département de la Vienne, eut bientôt connaissance ; il en rendit compte au lieutenant-général Despinois qui ordonna la translation de Bories dans les prisons de Nantes. Bories, qui voudrait transformer cette cour en un conseil de révision des décisions militaires, a également essayé de persuader qu'il avait été puni à tort. Nous répéterons qu'il y a chose jugée à son égard, et que s'il a été cassé définitivement et transféré dans les prisons de Nantes pour ce fait, c'est que ce fait a dû être prouvé.

Bories, avant son arrestation, avait confié à Goubin quatorze poignards qu'il tenait en réserve pour en armer les *Carbonari* futurs ; il le chargea de les remettre à Pommier, pour en faire la distribution au fur et à mesure des réceptions. Il lui restait encore des cartes de reconnaissance, inventées, comme on l'a vu, par le comité-directeur, pour établir des relations entre les agens voyageurs et les ventes départementales ; Bories les fit porter, avant son départ, à son confident Pommier, qui en est convenu.

Fidèles aux exhortations dont Bories avait échauffé ses adieux, Goubin et Pommier voulurent se montrer dignes de remplacer un si fervent *carbonaro*. Ils firent trois nouvelles recrues, Goupillon, Dariot-Seq et Lefebvre ; ils s'abouchèrent avec un quidam de La Rochelle, président de la grande Vente de cette ville, qui leur annonça officiellement que Saumur était prêt, et que, sous trois jours, le drapeau tricolore flotterait à Nantes. Goubin espéra que ces heureuses nouvelles pourraient enfin arracher Massias à sa nonchalance habituelle ; il fut donc le trouver au moment où cet officier, déjà intimidé par l'arrestation de Bories, venait d'apprendre que le coup

de Saumur et de Nantes avait manqué ; aussi quels
que fussent ses efforts, il ne pût l'arracher à sa
léthargie. Il est évident que dès-lors Massias craignait de compromettre ses épaulettes dans une
entreprise qui commençait à crouler.

Ces sombres pressentimens n'attristèrent point
Pommier et Goubin, et bientôt se raviva toute
leur ferveur lorsqu'ils apprirent que les commissaires de Paris, attendus depuis si long-temps, venaient enfin d'arriver à La Rochelle. Ils furent invités à se trouver au Café du Port, rendez-vous
habituel des conjurés, pour y recevoir des com-
munications. Ils s'y rendirent et y rencontrèrent
un individu qui leur proposa de les suivre. Arrivés hors de la ville, et dans un endroit écarté,
ils apprirent que le commissaire de Paris était en
effet arrivé, ainsi que le général chargé de commander l'insurrection. Goubin qui, dans ses interrogatoires, déclare ces faits, garde le silence
sur le nom du commissaire et celui du général.
Quant à ce dernier, tout démontre au procès que
c'était l'ex-général Berton qui cherchait, après
l'équipée de Thouars et de Saumur, à réparer cet
échec et à former un point de ralliement à tous
les *Carbonari* de l'Ouest. On invita Goubin à venir conférer le lendemain avec ces deux personnages.

Ce dernier, fier d'un pareil honneur, et n'imaginant pas comment le capitaine Massias refuse-

rait d'en prendre sa part, lui adressa par écrit
une invitation pour se rendre à la conférence.
Massias avoue qu'il a reçu la lettre, mais il n'a
point assisté à cette conférence.

Goubin s'y rendit seul, car Pommier était retenu par son service, muni des cartes de reconnaissance ; il avait suivi un guide qui, l'ayant
conduit dans un lieu solitaire, l'y laissa quelque
temps. Ce guide était allé s'enquérir s'il plairait
au député de Paris de recevoir, eu ce moment,
un carbonaro du troisième ordre. Il vint prendre
Goubin, que le député permettait d'introduire
devant lui. Celui-ci lui donna audience dans une
maison isolée, et s'étonna d'abord de ne pas voir
le capitaine Massias ; il s'écria que son refus de
comparaître était une violation des promesses
qu'il avait faites à Paris, et il chargea Goubin
d'aller lui porter, comme une réminiscence de
ses sermens, un mouchoir à carreaux rouges,
blancs et bleus. Ce signe et les cartes dont il était
porteur devaient lui inspirer toute confiance. Il
ajoutait que si le capitaine venait au rendez-
vous, il devait prendre un côté de la route ; que
lui, commissaire, suivrait l'autre côté ; que chacun devait avoir un livre à la main, et qu'avec
ces précautions ils pourraient s'aborder sans
danger : tels sont les renseignemens positifs donnés par Goubin dans ses interrogatoires des 26
mars et 8 mai.

Goubin alla de suite dérouler le mouchoir aux yeux de Massias, qui refusa de déférer à cette injonction.

Peu de jours après, des bourgeois se présentèrent à la caserne de Goubin ; on se fit les signes des carbonari, et, s'étant reconnus pour *bons cousins*, on se rendit au Café du Port. De là un guide conduisit Goubin sur la route de l'Aumont, où devaient se rendre le commissaire et le général ; celui-ci ne put s'y rendre, mais le commissaire s'y trouva avec plusieurs militaires en habit bourgeois. Cet individu qui se produisait en qualité de député du comité-directeur, se fit rendre compte du nombre et de l'esprit des *bons cousins* du 45e. ; il dit ensuite qu'il était temps de s'entendre avec les bourgeois, attendu que le moment de l'exécution approchait ; que Poitiers, Niort et autres villes devaient seconder La Rochelle ; enfin il transmit à Goubin le plan d'attaque, d'après lequel il s'agissait de former deux pelottons, dont l'un se porterait chez le colonel et l'autre chez le général, pour intercepter entre eux toute correspondance. Il termina en donnant l'ordre aux militaires, qui l'accompagnaient en guise d'aide-de-camp, de se rendre au café le lendemain pour apprendre à Goubin ce qu'il y aurait de nouveau. Le lendemain, on lui apprit que le général Berton était à quelques lieues de la ville.

Dépositaire de tant d'instructions importantes,
Goubin crut devoir en faire part aux conjurés.
Il convoqua tous ceux que ne retenait point
leur service. Cette réunion eut lieu le 10 mars
à l'auberge du Lion-d'Or, dans le village de
Lafond.

Goubin apprit à ses conjurés que les bourgeois carbonari prendraient part au mouvement,
et qu'ils s'étaient chargés de garder le logement
des officiers, pour les empêcher de se rendre au
quartier, où les Carbonari de la Vente militaire
feraient arborer aux soldats cocardes et drapeau
tricolores. Tout fut convenu et arrêté dans cette
réunion. Le moment était si voisin, que Goubin
allait chaque jour recevoir l'ordre du commissaire. Cependant le colonel du 45e. régiment
ne pouvait ignorer qu'on cherchait à séduire une
partie du régiment. Dès le 19 février, c'est-à-
dire, un mois avant la découverte du complot,
le général Nagle, commandant le département
de la Charente-Inférieure, lui écrivait officiellement pour le prévenir qu'un individu se rendait
à La Rochelle sous le titre de commis-voyageur ;
qu'il portait des armes et beaucoup d'or ; qu'on
présumait qu'il avait des instructions pour s'aboucher avec les affidés qu'il pouvait avoir dans le
45e. régiment. Le 21 du même mois de février,
le lieutenant-général Despinois écrivait aussi au
colonel, que tout annonçait que son régiment

était sérieusement travaillé. M. le marquis de Toustain et son digne adjudant - major M. de Bourdillat, n'avaient pas attendu ces avis pour surveiller le corps qui leur était confié. Ils s'étaient aperçus que certains sous-officiers, tels que Pommier, Raoulx et autres, faisaient, depuis quelque temps, des dépenses qui excédaient leurs moyens. Des démarches et des propos suspects avaient aussi éveillé leur attention; leur vigilance redoubla. La sévérité du colonel dut tomber d'abord sur Goubin, à raison des mauvais bruits qui circulaient sur son compte depuis son entretien avec le président de la vente de Niort, entretien dont il n'avait pas rendu un compte satisfaisant; le 15 mars il fut conduit à la salle de police.

Pommier lui succéda aussitôt. Il se fit conduire par le guide accoutumé vers le commissaire; et après avoir justifié, par l'exhibition des cartes, de sa qualité, il rendit compte de l'arrestation de Goubin. Le commissaire le substitua à ce dernier, renouvela les confidences qu'il avait précédemment faites, et lui dit qu'il s'agissait de vaincre ou de mourir; que, quant à lui, il ne quitterait pas La Rochelle avant l'affaire, fixée au dimanche suivant.

Pommier rassembla ses complices. Goubin parvint à gagner le gardien de la tour, et, déguisé en bourgeois, il alla souper avec eux. Pommier leur apprit que six heures avant l'attaque le général Berton entrerait en ville pour prendre le commandement, et qu'on donnerait aux chefs des conjurés de l'argent, des cartouches à distribuer.

Pommier quitta ses convives, car il avait un rendez-vous avec le commissaire; celui-ci entra avec lui dans de nouveaux détails sur les moyens d'attaque; il revint apprendre ce qu'il y avait de nouveau à ses complices qui étaient encore assemblés. Les évènemens se passaient, on attendait le signal d'un moment à l'autre, l'oreille épiait le bruit de la générale ou du tocsin. Pommier donna quelques poignards à ceux qui n'en avaient pas, puis il se rendit à deux lieues de La Rochelle, annonçant à ses camarades qu'il allait se concerter avec les émissaires. On reconnut la nécessité de presser l'événement à cause de l'arrestation successive de Bories et de Goubin, qui faisait craindre quelques révélations. Il fut convenu que le mouvement aurait lieu la nuit suivante; on était au 17 mars.

Pommier dîna au Soleil-d'Or avec plusieurs des conjurés; il leur dit que l'affaire ne serait pas reculée plus loin que la nuit prochaine, à quatre heures; que dans la soirée il irait prendre le dernier ordre et chercher l'or promis. Tous se préparèrent. Asnès alla trouver Frémand, tambour de sa compagnie, et qui était alors à la cantine. Il le fit sortir en lui disant : «Ne buvez pas, parce que vous battrez cette nuit la générale. «Le tambour ayant demandé à haute voix, pourquoi battre la générale? Asnès lui répondit : «Ne parlez pas si fort ; c'est cette nuit que se fera le grand coup.»

Le soir, Pommier se déguisa en paysan afin de sortir du quartier après l'appel. Un gros bâton à la main, et feignant de boîter, il avait déjà dépassé le seuil de la caserne, lorsqu'il fut remarqué par un adjudant-sous-officier qui crut démêler un déguisement. Il interpella le faux paysan, qui se mit à fuir : l'adjudant Leconte l'arrêta, et Pommier, confus de cette aventure, fut consigné à la salle de police.

Cet accusé sentit le danger de sa position. Les émissaires du comité-directeur et le général étaient entrés en ville sur sa parole, et l'y attendaient depuis quelques heures avec de l'or et des instructions ; ils avaient fait prévenir les bourgeois affiliés à la secte ; tout était prêt, et tout manquait, par l'arrestation du chef de la vente militaire, dont le déguisement à une heure indue pouvait, en excitant les recherches de l'autorité, amener la découverte de la conjuration. Ses complices partageaient son anxiété ; trois d'entre eux, Raoulx, Asnès et Goupillon conjurèrent le sergent de garde de laisser à Pommier quelques instants de liberté, pour qu'il pût, disaient-ils, satisfaire à un rendez-vous de galanterie. Le sergent ne fut point touché de leurs instances. Alors Pommier imagina de se faire suppléer près des commissaires par Raoulx, qui en effet alla trouver les deux personnages, auxquels il apprit la mésaventure de son camarade. Mais dans son trouble, Pommier avait oublié de remettre à son émissaire les cartes de reconnaissance. Les deux individus ne le voyant point exhiber ce signe préalable, craignirent qu'il ne fût un agent de la police. Ils lui répondirent sèchement qu'ils ne connaissaient point Pommier, qu'ils ne prenaient aucun intérêt à lui, et qu'ils ne savaient pas ce qu'on voulait leur dire.

Pommier, informé de ce nouveau contre-temps, rêve à quelque expédient ; il appelle Asnès et Bicheron qui rôdaient autour de la salle de police, et trompant la vigilance du sergent de garde, ceux-ci parvinrent à dérober les clés et à faire évader Pommier, qui, une heure après, rentra dans sa prison. Ce court moment de liberté avait été mis à profit. Pommier s'était concerté avec le député et le général ; ils convinrent ensemble qu'il fallait différer de trois jours l'exécution du complot.

Cependant plusieurs des conjurés faisaient de tristes réflexions sur les obstacles renaissans qui entravaient l'exécution de leurs projets. L'accusé Goupillon était surtout frappé de cette espèce de fatalité qui avait successivement amené

l'arrestation de Bories, de Goubin, de Pommier,
les trois chefs de l'entreprise. Ce fait lui donna
de tristes pressentimens, il réveilla dans son
cœur les angoisses qu'il avait déjà éprouvées,
dit-il, lorsqu'il avait proféré des sermens criminels
sur la lame d'un poignard, que depuis il semblait
voir sans cesse tourné contre lui-même. Cette vue
avait long-temps comprimé son desir de tout révéler, lorsqu'un incident ne lui permit plus d'hésiter. Le sergent de garde avait fait son rapport
sur l'invitation pressante que lui avait faite plusieurs officiers, de laisser échapper Pommier ;
il avait nommé Goupillon, et le colonel infor-
mait pour connaître le nom des autres. Goupillon ignorant le but de cette information, et
voyant à ses chefs un air plus sévère que de coutume, crut que le complot était découvert.
Sur ces entrefaites Pommier, qui avait imaginé
une fable pour expliquer son déguisement, et
trouver l'occasion de sortir de nouveau, desirait
aller la proposer pour excuse à son colonel, et
en sollicita une audience. Goupillon l'apprend,
et croit que Pommier va tout révéler ; il veut le
prévenir, et se hâte lui-même d'aller trouver le
colonel ; il essaie d'abord de se disculper d'avoir
favorisé l'évasion de Pommier, puis il s'arrête ;
mais son trouble, son attitude, ses yeux roulant
des pleurs, tout annonce qu'il est obsédé par un secret. Le colonel l'interroge, et enfin il lui découvre

qu'il existait un complot prêt à éclater, il donne les renseignemens les plus précis, et nomme les conjurés. A l'appui de son récit, il rédigea de suite une note qu'il laissa entre les mains de son colonel, et qui est ainsi conçue : « D'après tous les sermens que l'on me fit prêter sur un poignard, ma conscience m'engage cependant à révéler tout ce qui se trame contre la dynastie royale. Dimanche dernier Pommier, sergent-major, membre de la commission des Carbonari, vint, immédiatement après la parade, nous prévenir de nous tenir prêts, parce qu'il devait arriver le député et le commissaire avec lesquels il allait se concerter pour que le lendemain, sur les 4 heures du matin, les Carbonari pussent s'assurer des hommes dont ils sont bien sûrs dans leurs compagnies respectives, afin d'arborer la cocarde tricolore, et de s'emparer du colonel et des deux chefs de bataillons ; ce que j'affirme, signé Goupillon. »

Cette note, rapidement improvisée dans l'émotion du premier moment, fut immédiatement suivie d'une seconde déclaration faite avec réflexion devant les officiers informateurs, puis renouvelée dans un écrit autographe remis par Goupillon au colonel, et qui se trouve dans les pièces ; enfin de nombreux interrogatoires subis par l'accusé devant l'autorité judiciaire, recueillirent les mêmes aveux qui comprenaient la plus grande partie des détails et des circonstances de

la conspiration, tels que ce détail et ces circonstances furent exposés plus tard par plusieurs des
conjurés.

Cependant le colonel, après avoir entendu
Goupillon, prit habilement les mesures qu'exigeait la gravité des circonstances ; il fut secondé
avec dévouement par ses fidèles officiers. Après le
contre-appel du soir, la 1re. compagnie de gré-
nadiers reçut l'ordre de rester levée et de s'armer
en silence. On arrêta les conjurés, on fouilla
leurs malles et leurs lits, où l'on trouva cachés des
poignards. Des cartes de reconnaissance, usitées
entre carbonari, furent saisies sur Goubin. On
procéda aux interrogatoires ; dans le premier
moment, les uns nièrent, les autres firent de
demi-aveux, quelques-uns déclarèrent la vérité.
On entendit un grand nombre de témoins, dont
les dépositions répandirent de vives clartés sur
l'existence du complot. Alors la plupart des conjurés sentirent que ce serait en vain qu'ils essaie-
raient de se débattre dans un misérable système de dénégations, et ils préférèrent atténuer
s'il se pouvait, l'énormité de leur faute par la
franchise de leurs aveux. Amenés séparément
devant l'autorité judiciaire de La Rochelle, ils firent presque tous des déclarations qui sont conformes entre elles, bien que les conjurés n'eussent pu communiquer ensemble, et qui ne diffèrent que dans les circonstances imaginées par

les auteurs de ces révélations pour affaiblir res-
pectivement leur culpabilité en ce qui concerne
chacun d'eux.

Il résulta de toutes les preuves acquises sur
la nature du complot, qu'il avait été ourdi à Paris,
et qu'à La Rochelle même il était encore conduit
par les émissaires de la capitale dont les Carbonari
du 45e. régiment recevaient des instructions et
de l'or, et dont ils attendaient le signal. Il fallait donc remonter plus haut. Les déclarations de
Goubin et de Pommier, apprirent quels avaient
été les rapports de Bories avec une vente centrale
à Paris; et comment eux-mêmes ont connu plusieurs des membres de cette vente. Ces membres
furent arrêtés; mais avant de l'être, ils avaient
appris par des courriers que les commissaires
venaient d'expédier de La Rochelle au comité-directeur, que le complot était découvert. Ils eurent donc la facilité de faire disparaître les pièces
qui auraient pu les compromettre; cependant on
trouva chez quelques-uns d'entre-eux les armes
de la charbonnerie. Presque tous adoptèrent un
plan de dénégation rédigé dans les mêmes termes;
ce qui démontre assez qu'il fut concerté entre eux;
mais Hénon a tout avoué, et ces aveux, faits à
cent trente-huit lieues de la Rochelle, sont en
harmonie avec les déclarations de ses complices,
alors détenus dans cette ville.

L'affaire était de la compétence de la Cour

royale de Paris, puisque c'était dans son ressort que le crime avait pris naissance, et qu'une partie des accusés y résidaient.

La chambre des mises en accusation, par son arrêt du 24 juillet dernier, a mis en liberté sept individus impliqués dans cette affaire, et contre lesquels ne s'élevaient pas de charges suffisantes ; elle en a renvoyé devant vous vingt-cinq, qu'elle a divisés en deux classes : dans la première sont ceux qu'elle vous renvoie comme ayant pris part à un complot dont le but était soit de détruire ou de changer le gouvernement ou l'ordre de successibilité au trône, soit d'exciter les citoyens ou habitans à s'armer contre l'autorité royale, soit d'exciter la guerre civile en armant ou en portant les citoyens ou habitans à s'armer les uns contre les autres, crimes prévus par les articles 87 et 91 du code pénal ; dans la seconde classe, l'arrêt comprend ceux qui ayant connaissance du complot dont il s'agit, n'ont point révélé au gouvernement ou aux autorités administratives et judiciaires les circonstances qui sont venues à leur connaissance ; le tout dans les vingt-quatre heures, crime prévu par les articles 103 et 105 du code pénal.

Le récit des faits relatifs à ce procès complète, ce nous semble, la démonstration de cette importante vérité, qu'il existe en France des sociétés secrètes de *Carbonari*, gouvernées par un

11

comité-directeur , et travaillant sans relâche sous ses ordres à la destruction de la monarchie. C'est là, en effet, ce que tout homme sensé dont l'engourdissement de l'indifférence n'a point émoussé le jugement, ne peut se refuser d'admettre après tout ce que nous venons d'exposer à ce sujet. En résumé, il y verra vingt complots calculés entre eux, et il en conclura qu'une puissance cachée a dû mettre en mouvement ces ressorts nombreux; tous ces rouages compliqués et néanmoins soumis à une monstrueuse harmonie par une seule et même volonté; il y verra les conjurés secondaires agissant simultanément, mais en différens lieux, tenir à leurs adeptes les mêmes discours, révéler les mêmes desseins, et indiquer le comité de Paris comme un grand orient d'où partent la lumière et la foudre; il en conclura que cette identité de langage, de pratiques et de moyens ne peut provenir que d'un plan uniforme docilement exécuté; il y verra des êtres sans aveu, sans ressources pécuniaires; étaler tout-à-coup des sommes considérables, faire des dépenses excessives et répandre à grands frais des semences de corruption ; il en conclura que ces agens obscurs sont soldés par de riches commettans; il en conclura encore que ceux-ci ne peuvent consentir à répandre leur or , et ceux-là à risquer leur vie que pour des projets conçus avec quelques chances de succès.

Telles sont, Messieurs les Jurés, les graves réflexions qui ne vous sont point échappées au récit de tant de faits qui tous se coordonnent et se combinent avec le système d'une conspiration permanente. Mais ces réflexions, qui suffisent pour vous pénétrer du danger imminent où se trouve exposée la société européenne, ne suffisent pas encore pour vous éclairer sur la culpabilité individuelle des accusés, et il s'agit maintenant de discuter, à l'égard de chacun d'eux, l'accusation qui vous est déférée.

En jetant nos regards sur les accusés pour rassembler contre chacun d'eux les charges qui s'élèvent des débats, nous sommes saisis d'une réflexion pénible. Nous ne voyons sur ces bancs que des militaires et des jeunes gens à peine à leur majorité, et nous nous rappelons qu'en effet la faction osait fonder ses espérances et exercer principalement son prosélytisme sur l'armée et sur la jeunesse.

L'armée est restée inébranlable, et si quelques soldats ont désiré trouver dans le tumulte d'une insurrection les chances illusoires d'un avancement, si tournant contre la patrie des armes parricides ils étaient prêts à servir les fureurs de ceux auxquels ils s'étaient vendus, tout le reste a repoussé avec indignation les propositions du parjure et les offres du déshonneur; tous ont pensé que la gloire ne résidait que dans l'utilité et la

discipline du courage, qui livré à lui-même n'é-
tait que le fléau d'une aveugle barbarie; ils ont
pensé que ce courage épuré par la fidélité devait
tout son éclat à cette noble vertu, que par conséquent il y avait autant de mérite à servir le Roi
au sein de la paix, qu'au milieu des combats,
puisque dans le repos, ou dans la guerre, on pouvait donner d'égales preuves de cette fidélité, lus-
tre immortel de la bravoure, touchante garantie
de la sécurité publique.

Quant à la jeunesse, à Dieu ne plaise que nous
laissions tomber sur elle d'inflexibles paroles et
une sorte d'anathême. Moins coupable mille fois
que ceux qui de sang-froid la trompent à leur
profit, elle est à plaindre sans doute, puisqu'elle
est abusée. On l'a flattée pour l'empoisonner,
nous voudrions la louer au contraire pour l'élever
par le sentiment d'elle-même hors du piége où
l'on cherche à l'engager. Mais qu'importent les
qualités qui la distinguent si elles ne peuvent la
prémunir contre les doctrines dévorantes qui la
consument dans sa fleur. Nous vanterons si l'on
veut en elle cette soif de connaître, toujours recommandable alors même qu'elle agrandirait la
sphère de l'intelligence aux dépens du bonheur;
nous vanterons en elle cette imagination qui,
enhardie sous les orages de nos révolutions, a pris
son vol à un âge où naguère l'âme reposait encore dans la paix des illusions; nous vanterons

cette ardeur précoce qui demain serait peut-être un foyer de vertus morales et religieuses, si elle cessait d'être absorbée dans le régime de l'erreur; tous ces avantages de la jeunesse ne sauraient suppléer à la maturité du jugement et aux leçons de l'expérience. Même en ne l'exhortant ici qu'au nom de son intérêt personnel, ce serait déjà la servir que de l'engager à n'afficher une opinion que lorsqu'elle pourra en combiner les conséquences avec sa position sociale. Elle ne sait pas encore ce qu'elle doit accueillir ou réprouver; elle ignore si plus tard sa raison, ses devoirs, ses alliances ne la forceront pas à rougir du parti qu'elle adopta sans discernement. Un jour viendra que son idolâtrie sera peut-être foudroyée par ces paroles mémorables : *brûles ce que tu as adoré, et adore ce que tu as brûlé.* Pourquoi donc va-t-elle si vite au-devant d'un repentir? Pourquoi aspire-t-elle à se rétracter et à se préparer un triste sujet d'amende honorable et d'abjuration? Quel fanatisme l'entraîne dans une politique aride, que le plus beau privilége de son âge est de ne point comprendre, et qu'elle devrait en effet abandonner aux cœurs flétris que le dégoût a mis hors de la nature, où ils ne trouvent pour dernier aliment que de stériles abstractions et des sophismes glacés? Mais elle, à qui sont prodiguées toutes les promesses de la vie, pour qui va-t-elle sacrifier tant d'inappréciables trésors?

Pour des hommes dont le premier soin, s'ils res-
saisissaient le pouvoir qui porta l'empreinte de
leurs mains sanglantes, serait de comprimer sous
leur despotisme de fer cet impétueux essor qu'ils
encourageaient quand il fallait détruire, et qu'ils
redouteraient s'ils avaient à conserver le fruit de
leur usurpation. Que la jeunesse se hâte donc de
rompre la funeste alliance dont elle est à-la-fois
l'instrument et la dupe ; bientôt le mal serait ir-
réparable. Déjà s'est altéré visiblement le caractère français que rehaussaient naguère les grâces
de l'urbanité et les vertus hospitalières. Déjà je
ne sais quoi d'inquiet, d'amer et de sombre dé-
nature ce caractère distinctif qui était offert à
tous les peuples comme le type de la civilisation
et de la courtoisie. Chaque jour une grossièreté
d'habitudes et de langage succède au sentiment
des convenances ; la modestie fait place à une
présomption aveugle qui heurte avec arrogance
et les dogmes de la religion , et les oracles de la
vieillesse , et les volontés des lois. Une politique
atrabilaire tend à isoler les peuples et les hommes
que ne resserre plus aucun lien commun. On se
sert maintenant des lumières pour retourner à la
barbarie, comme de ces flambeaux avec lesquels
on descend dans les sépulcres et les abîmes.

La jeunesse, qui tient pour ainsi dire dans ses
mains les clefs de notre avenir, peut surtout concourir à perdre ou à sauver la société. Puissent

nos conseils prévenir désormais ses écarts, et n'a-
voir plus besoin d'être fortifiés par des exemples
de punition que notre ministère nous force à réclamer aujourd'hui.

Il existe au procès des charges individuelles, et
il y en a de collectives; celles-là, communes à
plusieurs accusés, découlent de leurs aveux, ou
résultent des poignards trouvés en leur possession. Nous devons dès-à-présent vous faire sentir
l'importance de ces deux espèces de charges
générales, parce qu'elles sont de grandes sources de conviction; et d'abord, quant aux aveux
de certains accusés, c'est avec raison que la
jurisprudence criminelle les met au rang des
preuves décisives. Ils ont plus de force que les
dépositions des témoins; car s'il était permis de
supposer que ceux-ci eussent quelque motif de
nuire à l'accusé, on ne peut supposer dans l'accusé lui-même le dessein de se perdre volontairement. S'il avoue, soit qu'il sente l'impossibilité
de contester l'évidence, soit qu'il cède à l'impulsion du remords, cet aveu est le cri de la
conscience, il faut y croire comme à la vérité;
et lorsque ce même aveu se trouve, ainsi que
dans la cause, en harmonie avec les faits, lorsqu'il coïncide avec des circonstances que n'avait
pu deviner celui qui a révélé, nul doute que cette
révélation ne soit une preuve irrécusable contre
ce dernier, et même une preuve grave contre les

tiers qu'elle peut impliquer. En effet, celui qui, par l'ascendant de la vérité ou la force du repentir, en est réduit à s'accuser lui-même, ne doit-il pas aussi, pour achever le triomphe de cette vérité et de ce repentir, poursuivre le crime de la lumière de ses aveux jusque sur les pas d'autrui. Il est du devoir d'un simple témoin, bien qu'il n'ait point à réparer le fait auquel il est étranger, de dire ce qui, dans ce fait, peut être à sa connaissance. Par quel absurde préjugé voudrait-on imposer silence à l'accusé qui, s'avouant lui-même coupable, doit plus que tout autre connaître ses complices ? Ah! s'il accepte pour lui-même la mort, l'exil ou les fers, en expiation de sa faute, il a le droit peut-être de rejeter tout le voile qui cachait le délit, et de mettre ainsi à découvert tous ceux qui ne méritent pas plus que lui d'être épargnés.

On vous dira que parfois la haine, les ressentimens d'un accusé, peuvent lui faire envelopper dans ses aveux des êtres innocens, ou que l'espoir d'obtenir l'indulgence de la justice l'excite à des révélations. Mais lorsque, d'une part, on ne peut objecter le prétexte de l'animosité, lorsque de l'autre ces mêmes révélations sont faites simultanément par plusieurs accusés qui n'ont pu communiquer ensemble, et qu'elles comprennent des faits qui sont justifiés d'ailleurs par mille circonstances, il est impossible de ne pas les re-

cueillir parmi les élémens de conviction ; et d'ailleurs, les révélations faites par les accusés, même
dans l'espoir d'obtenir une exemption de peine,
sont si peu suspectées par la loi, que pour prix de
ces mêmes révélations elle les exempte en effet de la
peine. Elle attache donc une grande importance à
ces révélations, puisqu'elle ne croit pas les payer
trop cher par l'acquittement d'un des coupables.
C'est assez vous dire que loin de les dédaigner,
elle a voulu qu'elles fussent recueillies parmi les
preuves les plus précieuses, à moins que les co-
accusés ne parvinssent à en démontrer la faus-
seté.

Une autre réflexion frappera vos esprits. L'article 108 du Code pénal ne tient compte aux accusés de leurs révélations, que lorsqu'elles sont
faites avant toutes poursuites commencées, ou
lorsqu'elles ont procuré l'arrestation des auteurs
ou complices de ces accusés. Or, sur vingt accusés qui, dans le procès actuel, ont fait des révélations, un seul se trouve dans le cas prévu
par la loi ; les autres ne pouvaient rien attendre
de leurs révélations tardives ; ils les ont donc
faites dans le principe, non pour adoucir leur
position, mais pour céder au besoin de soulager
leur conscience, ou parce qu'ils ne pouvaient
résister à l'ascendant de la vérité.

Nous disons donc que les aveux des accusés
sont des preuves, non-seulement contre eux, ce

12

qui ne peut faire l'objet d'un doute, mais aussi contre les tiers.

Le principe est vrai alors même que les accusés, après avoir consigné leurs aveux à plusieurs reprises durant l'instruction, viendraient les rétracter ou les atténuer à l'audience. Cette modification réfléchie, cette combinaison calculée de la défense, est presque toujours ce qu'on appelle, dans les débats des cours d'assises, la *jurisprudence des prisons*. L'ombre des prisons vient glacer les premières effusions de la vérité et du remords; d'ignobles conseils font succéder l'artifice à la franchise, et bientôt la dénégation absolue de l'accusé contraste avec la confession de sa culpabilité, consacrée dans son premier interrogatoire. Si ce changement s'opère dans les causes ordinaires, on devait s'y attendre dans le procès actuel, où des *Carbonari* ont juré de donner la mort aux révélateurs des secrets de leur institution. Mais ce à quoi il était impossible de s'attendre sans faire injure au bon sens des accusés et au discernement de leurs défenseurs, c'est la maladresse de leurs rétractations. Quelle opinion ont-ils donc de votre jugement, et qu'osent-ils espérer de votre crédulité, puisqu'ils ne craignent pas de substituer aux faits qu'ils avaient d'abord avoués, et qui ont été constatés par toutes les circonstances du procès, des versions si étranges, si bizarres, qu'elles n'ont pu être pro-

duites que par le vertige d'une position désespé-
rée? L'accusation n'a rien à perdre à cette misérable tactique, car les premiers aveux des accusés
légalement consignés lui sont invariablement acquis. Si nous leur reprochons la mauvaise foi de
leur défense, ce n'est donc que dans leur propre
intérêt, et parce qu'ils se privent sans retour de
la faveur attachée à ceux qui font le sincère aveu
de leurs fautes. Qu'ils mentent donc, s'ils veulent, après s'être perdus par ces fautes, se perdre
encore par leurs mensonges! A notre égard, qu'importe, nous le répétons, que les accusés récusent
ou modifient leurs aveux? Il suffit qu'ils aient été
faits, et qu'on n'argue point de faux les actes où ils
sont constatés, pour qu'il soit de notre devoir d'aller
puiser dans ces actes authentiques, afin d'oppo-
ser les accusés à eux-mêmes, et de tirer de leurs
contradictions cet argument invincible, que,
loin de balancer par leurs vaines et tardives dénégations ce que leurs précédentes déclarations
avaient de positif, ils ne font que démontrer, par
ces dénégations elles-mêmes, combien il serait
insensé de les appeler des révélateurs préposés,
et, suivant le nouveau style judiciaire, des agens
provocateurs, puisqu'ils voudraient essayer de
cacher à la justice ce qu'elle a intérêt de connaître. Et lors même qu'ils eussent tous persisté
dans leurs aveux, il eût été par trop dérisoire
de donner cette épithète d'agens provocateurs à

des individus qui, au lieu d'attirer les autres dans le complot, y furent eux-mêmes entraînés par ceux qu'ils dénoncent ; à des individus qui, d'ailleurs, n'ont fait leurs aveux, à l'exception d'un seul, qu'après la découverte du complot, et lorsqu'ils ne croyaient plus possible d'en nier l'existence. Ces aveux furent tellement libres et volontaires de leur part, qu'ils les ont renouvelés à chaque phase de la procédure, à La Rochelle et à Paris, et qu'en dernier lieu ils ont encore persisté devant le conseiller rapporteur, M. de Cassini.

A l'égard de l'autre charge collective, celle des poignards, elle n'est pas moins décisive que celle des aveux. Le poignard ne se trouve point ordinairement dans le bagage de nos soldats ; il ne fait point partie de leur armement. Ils ont le sabre et la baïonnette ; pourquoi donc se seraient-ils munis sans nécessité, du fer de l'ignominie ? Si par hasard un soldat avait eu en sa possession un poignard, le même hasard pouvait-il en faire trouver une certaine quantité dans le sac ou dans le lit des militaires d'un même régiment ? Et si l'on observe que les poignards sont tous d'une fabrique étrangère, que leurs lames d'azur et d'or semblent trempées avec soin et uniformité, comme si en effet on avait voulu pourvoir à l'armement de toute une secte ; si l'on remarque qu'il résulte de tout ce

que nous savons sur la secte des *carbonari*, que
les poignards sont en quelque sorte leurs armes
cabalistiques ; que plusieurs des accusés ont reconnu qu'ils leur avaient été délivrés au nom
de la société conspiratrice pour punir les infi-
délités, on verra dans ces poignards une preuve
matérielle de l'existence de cette coupable société et des projets auxquels elle s'était dévouée.
Oui, vainement elle tient cachés et ses réglemens et ses projets ; il suffit qu'elle laisse voir
son poignard pour qu'on puisse lire en caractères de sang, sur la lame fanatique, les crimes qu'elle commande et tous ceux qu'elle espère. Plusieurs accusés, forcés d'avouer qu'ils
avaient reçu les poignards trouvés sur eux,
ont essayé d'en cacher la destination véritable.
Quelques-uns, tels que Bories, Pommier et
Goubin, ont prétendu à l'audience (et ces derniers en dépit de leurs précédentes déclarations)
qu'ils s'étaient procurés ces poignards pour en
armer les affiliés à une société philantropique
formée entre eux. Des poignards à des philanthropes.... Cette monstrueuse alliance de mots et
d'idées prouve assez à quel système d'invraisemblance et d'absurdité l'on est réduit lorsqu'on déserte la vérité pour la connivence du
mensonge. Pommier prétend que c'est lui qui a
acheté ces poignards pour donner à la société
un air mystique. Mais où les a-t-il achetés ?

Est-ce chez un marchand établi ? Pommier se gardera bien de le dire, car il faudrait donner l'adresse du marchand ; selon lui il a acheté ces poignards, d'un marchand d'habits qui passait rue du Foin. Comment supposer qu'un brocanteur eût osé colporter sur la voie publique, et surtout dans une rue qu'une caserne peuple de soldats, des armes prohibées, des poignards dont la vente est interdite ! Si Pommier n'a pas acheté les poignards, il faut donc en revenir à ses premières déclarations, d'où il résulte que Bories les tenait de la *Vente-centrale*. Les défenseurs vous diront peut-être que ces poignards ne signifient rien au procès, puisqu'après tout, ils étaient au moins superflus, même en admettant le complot, attendu que des soldats qu'on aurait disposés à une exécution meurtrière, auraient pu se servir de leurs armes accoutumées, et n'avaient pas besoin du chétif secours d'un poignard. Le fait pourrait nous dispenser de répondre ; car s'il est certain, et on ne peut le contester, que des poignards ont été saisis sur plusieurs des accusés, il faut bien admettre qu'ils les avaient pour un but quelconque ; et lorsque ce but est indiqué, tant par les statuts des *Carbonari* que par les aveux de quelques accusés tels que Pommier, Bicheron, Goubin, Raoulx et Goupillon qui, avant de se concerter pour le mensonge, avaient séparément dit la

vérité, tout s'explique suffisamment et le doute
n'est plus permis. **Nous** ajouterons une réflexion
qui achèvera d'écarter toute objection à cet
égard ; c'est que la secte des *Carbonari* se proposait, par l'investiture des poignards, non seulement de donner à ses affiliés l'arme de la
vengeance et du crime, mais encore de les lier
en quelque sorte à son pacte infernal par l'at-
touchement tragique de ces poignards ; de frapper
leurs imaginations par un appareil dramatique
et mystérieux, de rendre leurs impressions du-
rables en les rendant fortes par de terribles engagemens et des pratiques barbares ou roma-
nesques ; il y a plus, et nous en attestons les
frémissemens de terreur dont ces murs ont été
trop de fois les témoins à la vue d'un poignard,
cette arme, telle que l'ont faite les passions
et les fureurs des hommes, est devenue pour
ainsi dire une arme sinistre comme la mort,
imposante et formidable comme tout ce qui fait
vibrer puissamment les plus sombres pensées et
suscite des émotions surnaturelles. L'influence
du poignard se fait surtout sentir à celui qui ose
le toucher. Quand il le prend, il ne sait plus
quand il pourra le quitter ; l'alliance est plus du-
rable qu'il ne pense ; il s'établit entre lui et l'arme
scélérate une attraction mutuelle contre laquelle
il lutte péniblement. Si le poignard est à son che-
vet, il agite son sommeil ; s'il est à sa ceinture,

il trouble son cœur; s'il le cache au fond d'un
bois, il se sauve épouvanté comme s'il était poursuivi par toute la nature : et vous qui m'écoutez
en silence, vous étonnerez-vous encore que le
génie d'une secte ténébreuse ait voulu s'attacher
ses initiés en leur faisant présent d'un poignard?

Le poignard est donc dans la cause, une preuve
de l'affiliation à la secte; c'est une sorte de di-
plôme, attestant à-la-fois et la réception dans le
complot et l'aptitude au crime. On voit en effet,
des poignards dans les mains de tous les *Carbonari* européens; c'est un de ces poignards qui
frappa l'infortuné Kotzbue : un de ces poignards
fut trouvé par l'exécrable Louvel.

Nous avons dit, Messieurs les Jurés, que les
accusés se divisaient en deux classes : la première,
qui comprend ceux qui ont pris part au complot,
offre elle-même deux nuances distinctes. On y
remarque d'abord ces êtres mystérieux et pru-
dens qui, participant en quelque sorte, de la
réserve des membres du comité-directeur, agissent avec une grande circonspection, et contens
de pousser les autres au crime, effacent soigneusement les traces de leur complicité. A leur tête,
est Jean-Marie Raimond Baradère, que sa qualité d'avocat stagiaire devait appeler au barreau,
et qui, s'il y eût paru plus souvent comme défenseur, n'y paraîtrait peut-être pas aujourd'hui
comme accusé. Ce jeune homme ardent a été pri-

mitivement l'âme du complot. Baradère était président de la Vente centrale Wasingthon, près de laquelle Bories a été accrédité, et où il a reçu les instructions relatives au complot dont il s'agit, ainsi que les poignards destinés aux membres de la Vente militaire.

Dans ses interrogatoires, Baradère s'est obstiné à dire qu'il ne s'expliquerait qu'aux débats; réponse uniforme adoptée par la plupart des *Carbonari*, et qu'on voit se reproduire dans toutes les procédures criminelles suivies contre eux; réponse bien digne en effet d'un initié, par sa brièveté dédaigneuse et sa réserve pleine de mystère.

Il ne veut s'expliquer qu'aux débats, lorsque notre code a déclaré compétent le magistrat qui l'interroge; pourquoi ce mépris du droit commun et des formalités d'une justice à qui tout citoyen doit obéir? Serait-ce donc que les factieux comptent comme des paroles perdues, toutes celles qui, proférées hors de l'audience, ne peuvent, à défaut de publicité, fructifier pour le scandale?

Un pareil début faisait craindre une défense imprudente; et lorsqu'au commencement des débats notre ministère lui a fait sentir qu'il était de son intérêt de ne point affecter, comme il le faisait d'abord, de paraître le directeur du procès et le chef des conjurés, il a senti avec adresse le mérite de cette observation, et a su en profiter

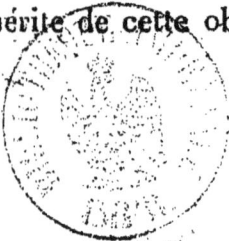

13

adroitement. Baradère nie les faits à lui imputés,
mais d'autres ont parlé contre lui sans hésiter.
Interrogé par M. le procureur du Roi de La
Rochelle, dès le 25 mars dernier, l'accusé Pommier déclara que pendant la maladie de Bories
à Paris, il l'avait remplacé deux fois en sa qualité
de député, à la Vente centrale, tenue chez un étudiant en droit nommé Baradère, président de cette
Vente; que ce Baradère demeurait alors rue de
Sèvres, au coin de la rue du Bac, et maintenant
rue de l'Université, n°. 31. On se réunissait chez
lui tous les vendredis. D'après cette déclaration
positive, dans laquelle Pommier a persisté dans
ses interrogatoires des 6 et 15 mai, on a vérifié
qu'en effet Baradère demeurait rue de l'université, n°. 31, et qu'il avait demeuré précédemment rue de Sèvres. Comment Pommier aurait-il
connu le nom et la double adresse de Baradère?
Revenant sur ses aveux, et mentant officieu-
sement, ce dernier prétend aujourd'hui n'avoir
pas connu personnellement Baradère, mais seulement son adresse, parce que, voulant se faire recevoir franc-maçon, il fut conduit jusqu'à sa porte
par Bories. C'est déjà un fait assez singulier qu'un
militaire, pressé du besoin de se faire initier à la
franc-maçonnerie et s'adressant à cet effet, non pas
à Bories lui-même, non pas à un militaire, mais à un
avocat stagiaire; oui, c'est un fait étrange que

les rapports établis successivement entre Baradère, Pommier et Bories ; entre ces trois individus, que tant d'indices et de preuves signalent
comme de zélés *Carbonari*. Le nouveau système de
Pommier ne le justifierait pas plus qu'il ne justifie Baradère, si l'on pouvait toutefois s'arrêter
à ce système, quand il est en contradiction avec
de premiers aveux qui se trouvent dans une relation intime avec d'autres aveux, d'autres révélations dont les auteurs n'avaient pu communiquer
ensemble. Que Pommier, après avoir dit formellement à plusieurs reprises qu'il s'était rendu
à la place de Bories chez Baradère, président la
Vente centrale, ait jugé à propos de ne pas reconnaître cet individu, il n'en demeure pas
moins certain qu'il a assisté chez lui à une vente
centrale.

Mais tandis que Pommier accusait ainsi Baradère à La Rochelle, Hénon l'accusait à Paris dans
les mêmes termes. Les déclarations d'Hénon sont
trop importantes pour qu'on ne l'ait pas engagé
dans la prison, où il se trouvait à chaque instant
avec ses co-accusés, à rétracter ce qu'il avait dit
sans réserve , soit devant M. le Préfet de police,
le 8 avril dernier , soit devant M. le Juge d'instruction, le 12 du même mois , et dans plusieurs
interrogatoires subséquens. Autant il avait montré de sincérité, d'abandon, de repentir, autant
il a montré dans les débats d'impénitence et de ré-

solution à nier la vérité. Obsédé sans cesse par Baradère, si intéressé à ses rétractations (en supposant que des rétractations puissent, en définitive, être bonnes à quelque chose) , Hénon a cédé aux insinuations du compagnon de sa captivité. Il prétend aujourd'hui qu'il n'a tout avoué devant M. le Préfet de police , que parce que ce magistrat lui avait promis sa liberté, pour prix de ses aveux, et qu'au surplus, on ne lui a point donné lecture de son interrogatoire ! Le mensonge perce de toutes parts dans cette nouvelle version. Eh ! d'abord peut-il venir à la pensée d'un individu innocent de s'avouer coupable pour acquérir sa liberté, d'échanger son innocence qui seule pourrait procurer une liberté honorable, contre une apparence de criminalité, qui devait provoquer nécessairement les poursuites de la justice, et nécessiter une détention?

Avant d'avoir entendu M. le Préfet qui est venu devant vous rendre hommage à la vérité, vous étiez déjà convaincus que ce magistrat, pénétré de ses devoirs et profondément instruit de nos lois, dont il fut long-temps l'interprète dans cette enceinte même , n'aurait point poussé l'oubli des formes, jusqu'à constater dans un procès-verbal, tout entier écrit de sa main , qu'il en fut donné lecture à Hénon, si cette lecture n'avait pas eu lieu. Il a été démontré aux débats, et dans tout le jour de l'évidence, que, non-seulement M. le Pré-

fet avait donné une lecture générale de l'interrogatoire , mais que d'abord il en avait donné une
lecture partielle et phrase par phrase, afin qu'Hénon ajoutât ou retranchât ; on trouve, en effet ,
des corrections marginales, notamment en regard
du passage relatif au discours prononcé chez
Gaucherot , et Hénon vous a avoué ingénument
que c'était par amour-propre d'auteur. Il est donc
réellement l'auteur de ce discours. Ainsi l'interrogatoire qu'il a subi devant M. le Préfet lui a
été lu deux fois par ce magistrat, et lui-même est
enfin convenu de la lecture partielle. Une troisième lecture lui en a été donnée à cette audience,
et il est également convenu qu'il n'y avait rien
d'étranger à ses déclarations.

. Vous étiez également assurés que M. le Préfet
ne s'était point permis de promettre immédiatement à un individu la liberté, pour prix de ses
aveux, parce que les aveux ne sont des considérations graciables que pour le souverain, et qu'ils
ne peuvent désarmer la justice , et encore moins
le magistrat interrogateur. Et alors même que ,
par l'importance de ses révélations, Hénon se serait trouvé dans le cas où la loi permet aux tribunaux d'exempter de la peine, il eût toujours
fallu subir l'instruction et le jugement ; de toute
manière, Hénon ne pouvait gagner immédiatement sa liberté à faire des aveux, et dès-lors mieux
eût valu, même dans son système, ne pas compro-

mettre sans utilité son innocence. Mais comment se fait-il que, n'ayant point été rendu à la liberté, il n'en ait pas moins persisté dans ses aveux devant M. le Juge d'instruction, et qu'il les ait même reproduits avec des circonstances nouvelles? Comment se fait-il que, devant ce magistrat, comme devant le préfet, il soit entré en des détails très-précis, et qui se trouvent vérifiés de point en point par l'instruction et les débats? Il déclare que la vente centrale se réunissait chez Baradère, et c'est ce que déclarait aussi Pommier à La Rochelle; il expose que Bories était député à cette vente comme président de la vente militaire, et Pommier disait la même chose; il avouait qu'il avait composé sur les idées de Baradère, un discours qu'il fut prononcer à la réunion dans l'auberge de Gaucherot, et le fait de cette réunion et des discours prononcés, est reconnu par plusieurs des accusés. Il est dans l'impossibilité de répondre d'une manière satisfaisante sur aucun de ces points. A l'entendre, il aurait été mis sur la voie par les journaux, et, à cette époque, les journaux n'avaient rapporté aucun des détails dont il s'agit, et la procédure était encore secrète. Mais alors même qu'il eût eu un intérêt assurément fort incompréhensible à se dire coupable, fallait-il surcharger ces aveux de tant de circonstances superflues? Fallait-il s'avouer coupable, non-seulement d'avoir assisté à la réunion chez Gaucherot, mais encore d'avoir

composé et débité un discours séditieux pour per-
vertir les militaires ? Hénon prétend qu'il n'a agi
ainsi que dans l'espoir de sauver son ami Marcel.
Mais ce dernier n'était point accusé de s'être
trouvé chez Gaucherot, ni par conséquent d'y
avoir prononcé un discours. Et d'ailleurs Marcel,
pour lequel Hénon s'est, dit-il, sacrifié, n'a été
un moment impliqué dans cette affaire, que
sur la dénonciation d'Hénon lui - même ; c'est
lui qui, dans ce même interrogatoire, l'accuse de l'avoir perverti pour la secte des *Carbonari*. Le prétendu dévouement d'Hénon est donc
une fable jointe à toutes les autres fables qu'il a
imaginées pour motiver sa rétractation. Que
faut-il donc en conclure ? que cet accusé qui
trahit aujourd'hui la vérité, l'a dite dans ses interrogatoires nombreux, et notamment dans ceux
des 8 et 12 avril dernier ; que ces interrogatoires
appartiennent à l'accusation, et qu'ils sont déci-
sifs contre Hénon et contre Baradère. Vous vous
rappelez, Messieurs, tous les détails qu'ils renferment sur la secte des *Carbonari*. Hénon avoua
que Baradère était président de la vente centrale,
dont il faisait partie lui-même, et dans laquelle
Bories venait chercher des instructions pour sa
vente particulière ; que Baradère était, en outre,
député à la haute vente, d'où il rapportait fré-
quemment les nouvelles de la conspiration générale et les ordres du jour, sur lesquels il y avait

à délibérer, ainsi que les conseils et les encouragemens; que le même Baradère ayant appris
que le complot de La Rochelle était éventé, concerta avec lui, Hénon, un plan de défense, con-
sistant à dire, dans le cas où ils seraient compromis, qu'on s'était confié à la *Loge des Amis
de la Vérité*. En effet, Messieurs, il convient de
rappeler que les *Carbonari*, pour masquer encore
mieux leurs projets, avaient imaginé d'avoir, outre
les ventes, une espèce de loge de franc-maçonnerie, où ils se réuniraient quelquefois, afin que
si un jour on pouvait les convaincre de s'être
connus, ils pussent alléguer que c'était dans une
loge de francs-maçons.

Ceux qui faisaient partie de la Vente centrale
présidée par Baradère, furent dociles, excepté
Hénon, au plan de défense qui leur avait été
tracé, sans s'apercevoir que cette rigoureuse
exactitude de leur part décelait elle-même un
rôle appris et un système de connivence. Quoi
qu'il en soit, il résulte de l'instruction et des débats, que Baradère était député à la haute Vente
en sa qualité de président d'une Vente centrale.
Il est évident que telle fut la filière d'où la corruption est venue à Bories et à ses complices.
Les déclarations de Goubin et de Pommier ne
laissent aucun doute à cet égard: tous deux af-
firment que c'était là que leur camarade allait
chercher les poignards dont il armait les conju-

rés. Les mêmes, Goubin, Raoulx et Bicheron ont aussi parlé d'une distribution d'argent faite aux carbonari du 45e. avant son départ, et ces deniers corrupteurs provenaient de la Vente centrale qui les tenait de plus haut ; de son côté, Hénon ajoute qu'il fut délégué avec deux autres carbonari par la Vente centrale Wasingthon, pour aller fraterniser avec la Vente militaire, et relever le courage de ses membres, au moyen du discours qu'ils prononça, en effet, à l'enseigne du Roi-Clovis, et dans lequel, après les avoir invités à conquérir la liberté à main armée, il leur offrait le mémorable exemple des armées espagnoles. Si l'on ajoute que Goubin et Pommier ont avoué qu'ils avaient été reçus *carbonari* par Bories, assistés de deux membres de la Vente centrale, on ne doutera pas, en rassemblant tous les faits que nous venons d'exposer, que cette Vente ne soit réellement, entre la haute Vente et la Vente militaire, l'intermédiaire qui a passé de l'une à l'autre la résolution du complot et la plupart des moyens de le faire réussir. Et lorsqu'on se rappelle que Bories et ses complices, qui n'avaient communiqué à Paris qu'avec cette Vente, se sont trouvés naturellement en correspondance à La Rochelle avec les émissaires de la capitale et les directeurs de la conjuration, il faut bien en tirer cette conséquence immédiate que c'était la Vente centrale

14

de Baradère qui avait préparé et facilité toutes ces relations coupables ; il faut en conclure également que les membres de cette Vente centrale et plus qu'eux tous, leur président Baradère, ont pris part au complot dont il s'agit. Voilà sur quoi cet accusé aura à répondre, et non pas sur le fait de la charbonnerie, qui, tout répréhensible qu'il est en lui-même, ne devient un crime capital que parce que ses intentions ont dans la cause le véritable caractère d'un complot et non pas d'une simple société secrète.

Hénon, cet autre membre de la Vente-centrale, avait reçu le mot d'ordre de Baradère ; il avait débuté par des dénégations et par le mensonge convenu, que l'on s'était connu à *la Loge des Amis de la Vérité*. Cet ancien militaire, qui n'avait quitté la profession des armes que pour se faire instituteur dans le quartier du faubourg St.-Marceau, regrettait sans doute d'être arraché à une estimable profession par les suggestions perfides de quelques individus égarés. Son cœur, ainsi disposé au repentir, était donc prêt à laisser échapper la vérité ; bientôt il s'expliqua avec franchise dans tous ses interrogatoires. Depuis, séduit par ses complices, il est revenu à des dénégations dont nous avons suffisamment démontré l'invraisemblance. Il a déjà expié ses mensonges par la confusion dont il a été couvert, lorsqu'en présence de M. le pré-

fet de police, il a vu s'évanouir toutes ses al-
légations, et lorsque la déposition d'un homme
de bien a doublé la force des précédentes révélations qu'il voudrait s'efforcer de détruire. Hénon est victime du plan de défense impraticable
que Baradère lui a imposé, et dont ses conseils
auraient du le détourner dans son propre intérêt.
On l'a vu, en son déplorable aveuglement, accuser les bienfaits qu'une main généreuse allait
épancher dans sa prison, et prétendre que ces
œuvres de compassion étaient des suggestions
auxquelles il fallait attribuer ses aveux, tandis
qu'il a été prouvé que les secours que calomnie
son ingratitude, ne lui ont été accordés qu'après
tous ses interrogatoires, Écartons donc ses dénégations actuelles, pour nous en tenir à ses précédentes déclarations qui vous sont encore présentes.

Il en résulte qu'il fut admis dans la secte des
carbonari, dont le but, dit-il, était de conquérir la liberté à main armée ; qu'à cet effet chaque
initié était invité de la manière la plus pressante,
à se procurer un fusil et vingt-cinq cartouches
pour se tenir prêt à marcher à toute réquisition
de la Haute-Vente ; que la Vente-centrale dont
il faisait partie, était présidée par Baradère,
qui était l'agent-médiateur entre cette Vente et
le Cercle supérieur, d'où il rapportait toute
sorte de renseignemens ; qu'après l'échec du

général Berton devant Saumur, Baradère lui dit
que ce général avait agi dans cette affaire sans
ordre supérieur, et parce qu'étant poursuivi, il
avait tenté un coup désespéré ; que néanmoins
il fut convenu que les Ventes viendraient à son
secours ; qu'on envoya d'abord, pour s'assurer
de sa véritable position, des émissaires qui rap-
portèrent qu'il s'était réfugié dans les bois avec
une vingtaine d'hommes, et qu'il voulait se retirer sur Grenoble. L'accusé Hénon ajoute qu'il
y avait des opinions très divergentes dans la
charbonnerie ; que les uns affectionnaient la république, et les autres Napoléon II ; mais que
l'on s'accordait sur ce point, qu'il fallait d'a-
bord attaquer le gouvernement, sauf à s'entendre ultérieurement sur les moyens d'établir un
nouvel ordre de choses.

Hénon a déclaré ensuite que c'était dans la
Vente-centrale, dont le siége était ordinairement
chez Baradère, qu'il avait vu venir Bories, président et député d'une Vente qu'il avait créée
dans le 45e. régiment ; qu'un jour Bories demanda à la Vente-centrale des secours moraux
pour relever la confiance de ses carbonari ; qu'il
fut décidé qu'on leur députerait des bons cousins
pour les haranguer ; que Baradère ayant refusé,
il fut [désigné, et accepta, quoiqu'avec répugnance ; qu'il se rendit en effet au lieu choisi
par lui-même, accompagné de Gauran et de

Rosé, tous deux membres de la Vente-centrale, et qu'il y trouva les membres de la Vente-militaire de Bories. Enfin l'accusé Hénon a rapporté la substance du discours qu'il leur adressa, et dont nous avons précédemment parlé, discours dans lequel il leur promettait des honneurs et des grades ; il termine en apprenant que Baradère, instruit des événemens de La Rochelle, était venu se concerter avec lui sur ce qu'il fallait dire pour n'être pas compromis.

Non-seulement, Messieurs, cette révélation porte un grand caractère de franchise, puisqu'elle provoque la condamnation de son auteur ; mais ce qui doit vous démontrer encore combien elle est l'expression de la vérité, c'est qu'elle se trouve en harmonie avec d'autres élémens de conviction. En effet, Gaucherot, aubergiste au Roi-Clovis, reconnaît formellement Hénon pour celui qui est venu retenir le logement dans lequel se sont assemblés, dit-il, une quinzaine d'individus, sous prétexte de faire des armes ; il a vu venir, le jour de la réunion, deux ou trois bourgeois auxquels il n'a pas fait attention, mais qui se sont joints aux militaires dans une pièce dont la cloison avait été supprimée. La déposition de Gaucherot se trouve donc être dans une concordance parfaite avec tout ce qu'a dit Hénon lui-même, elle est encore fortifiée par Pommier, qui déclare qu'en effet des

bourgeois sont venus à l'enseigne du Roi-Clovis,
et que l'un d'eux a lu un discours écrit. Raoulx
a fait la même réclamation.

Hénon a donc fait partie de la vente centrale
présidée par Baradère, de cette vente qui, selon
Pommier, Goubin, Raoulx et d'autres accusés,
donnait l'argent, les poignards, les instructions
que Bories était chargé de transmettre à ses complices. Hénon était un des membres les plus actifs, les plus influens de cette vente centrale,
véritable proxenète de la conspiration imposée
aux carbonari du 45e. régiment, puisqu'au refus
du président Baradère il a été jugé digne d'aller
réchauffer, par un coupable discours qui était en
quelque sorte le prospectus du complot, les dispositions mal assurées de quelques membres de
la vente militaire.

Après lui, et sur le second plan, paraissent les
deux *carbonari* Gauran et Rosé qui tous deux
l'ont accompagné à l'auberge du Roi Clovis. Et
ici, il est essentiel de vous rappeler les propres paroles d'Hénon. « A l'heure indiquée, a-t-il dit,
» le sieur Gauran, chirurgien à l'hospice Beau-
» jon, et le sieur Rosé, vinrent me prendre.
» Nous nous transportâmes au lieu du rendez-
» vous. Là, Gauran et Rosé dirent quelques mots
» d'encouragement aux sous-officiers qui s'y
» trouvaient réunis, et moi j'avais eu la faiblesse,
» par entraînement, de composer un petit dis-

» cours d'après le fonds des idées que m'avait
» fournies Baradère, etc. »

Remarquez, Messieurs les jurés, avec quelle
ingénuité s'explique ici l'accusé Hénon; c'est
sur lui qu'il rassemble les plus fortes charges,
c'est lui qui composa et lut le discours, tandis
que ses deux acolytes n'ont fait que proférer
quelques paroles d'encouragement; est-ce ainsi
que parle la haine? Non, sans doute, et le ton
simple et modéré qui règne dans sa déclaration,
nous semble un caractère indélébile de sincérité.

Au surplus, cette déclaration n'est pas la seule
preuve qui s'élève contre Gauran. Il résulte du
procès-verbal de perquisition dressé dans son
domicile, lors de son arrestation, qu'il s'y est
trouvé vingt-cinq cartouches. C'est précisément
le nombre déterminé par les statuts de l'ordre,
toutes les procédures criminelles intentées contre
les *carbonari* ont en effet prouvé qu'ils s'obli-
geaient à se munir d'un fusil et de vingt-cinq
cartouches; c'est ce que démontre également la
copie de ces statuts saisie sur Vallée, exécuté
dans le département du Var; c'est enfin ce qui
a été déclaré par Hénon lui-même. Les vingt-
cinq cartouches trouvées chez Gauran ne sont
pas des cartouches militaires, car la poudre fine
qui les compose n'est pas employée pour le service de l'armée. On ne se sert point de cartou-

ches a balle pour la chasse, ni pour le tir au pistolet comme le prétend Gauran, parce que les
balles des cartouches trouvées chez lui sont d'un
calibre trop fort. On ne peut donc expliquer la
possession de ces vingt-cinq cartouches que par
l'article 58, titre 4, chapitre 12 du réglement
de la charbonnerie. Il a appelé plusieurs témoins
pour justifier la possession de ces cartouches;
malgré le peu de foi que méritent ordinairement
les témoins à décharge, surtout dans les procès
politiques, nous admettrons, si l'on veut, leurs
dépositions, et il en résultera toujours que Gauran avait réservé vingt-cinq cartouches. Du
reste, vous aurez à examiner si le témoin Recurt
a pu tenir ces cartouches de poudre fine, des soldats licenciés de l'armée de la Loire en 1816,
qui, en supposant qu'on leur eût laissé des cartouches, n'en auraient eu que de poudre militaire et non de poudre fine; car soit dans la garde,
soit dans la ligne, il n'y a qu'une espèce de poudre
de guerre. Gauran est lié avec Rosé et Baradère; lui-même en est convenu; mais fidèle au
plan de défense tracé par ce dernier, il prétend
les avoir fréquentés à la loge des amis de la vérité et non ailleurs; Rosé se renferme aussi dans
ce mensonge systématique.

Les quatre accusés dont nous venons d'examiner la culpabilité, appartiennent à cette vente
centrale, qui, comme nous l'avons fait obser-

ver, s'est soigneusement enveloppée des ombres
du mystère. Avant d'arriver à la vente militaire
où aboutissent les plus fortes preuves qui résultent de l'instruction et des débats, il faut encore
nous arrêter devant un individu à demi-caché
dans les ténèbres, être mixte qui, placé entre les
deux ventes, a été connu de toutes deux, et
semble n'appartenir à aucune. Ce personnage
presque impalpable, qui a plutôt glissé qu'il ne
s'est arrêté sur la conspiration, c'est le capitaine Massias.

Malgré les précautions avec lesquelles cet officier s'est produit dans la secte des *Carbonari*, il
était en quelque sorte de notoriété parmi les initiés du 45e., qu'il était un des leurs; c'est ce qui
résulte des déclarations combinées de Goubin,
de Raoulx, de Goupillon et de Pommier : ce dernier a même confié aux gendarmes Claude Nalot
et Louis Pouthiers, que si le complot eût réussi,
le capitaine Massias devait être fait colonel. Les
opinions de Massias étaient fort suspectes; depuis long-tems il était pour son colonel un objet
de défiance et d'inquiétude; il résulte de la déposition de cet officier-supérieur, que le jour
même où son régiment arriva à Paris, le 18
avril 1821, il s'empressa de signaler le capitaine
Massias à l'état-major de la 1re. division militaire, afin qu'on le surveillât attentivement.
Outre sa mauvaise opinion, Massias avait de

15

très mauvaises habitudes ; il fut mis à l'Abbaye parce qu'il fréquentait des maisons de jeu : cette vie désordonnée devait le rendre accessible aux propositions d'un parti qui marche la bourse à la main pour corrompre avec l'or ceux qui ne se payent point de déclamations et de paradoxes.

On se souvient que sur la route de Paris à La Rochelle, Bories disait à ses complices qu'on ne passerait pas Sainte-Maure et qu'il attendait des ordres. Il dit à Goubin que c'était Massias à qui l'on devait les adresser. Bories et Goubin furent le chercher à Tours pour lui demander s'il n'avait rien reçu ; ne l'ayant pas trouvé, ils retournèrent à son logement, à une heure du matin. A quatre heures, ils le rencontrèrent enfin au corps-de-garde, et Bories, qui lui parla en particulier, revint dire à Goubin, qui l'attendait tout près de là, que le soir à l'étape de Sainte-Maure, ce dernier devait aller prendre les ordres de Massias.

Tout ces faits sont attestés par Goubin, dans ses interrogatoires des 26 mars et 8 mai ; Massias, quelle que soit sa discrétion accoutumée, avoue dans ses précédens interrogatoires, qu'en effet deux personnes sont venues le demander la nuit à son logement à Tours ; que plus tard il fut accosté par Bories, qui lui demanda si on ne l'avait pas chargé de quelque chose pour lui. Massias ajoute que cette question lui parut

extraordinaire, et cependant il ne demanda,
dit-il, aucune explication à Bories. Cette indifférence n'était point présumable; Massias qui
savait que Bories était venu le demander dans
la nuit, et qui le voyait à quatre heures du matin dans l'hiver, qui enfin l'entendait lui adresser une question fort mystérieuse en elle-même,
devait approfondir le sujet d'une visite aussi singulière ; d'autant plus singulière en effet, que
s'il n'eût existé aucun lien secret entre le capitaine Massias et le sergent-major Bories, ces
deux individus, à raison de la différence de leur
grade, ne pouvaient avoir aucune relation con-
fidentielle, capable de justifier une pareille démarche. Il est donc évident que l'entrevue de
Bories et de Massias ne s'est point passée comme le prétendait d'abord ce dernier, et qu'au
lieu du rôle passif et muet qu'il voulait s'attribuer, il a été l'interlocuteur empressé du conspirateur Bories, et l'a engagé à lui envoyer le
soir Goubin pour prendre ses ordres. Massias a
donc senti le côté faible de sa défense, et dans
celle qu'il a depuis concertée, il a changé de système. Dans ses premiers interrogatoires il n'a-
vait rien entendu, rien compris; il trouvait tout
fort extraordinaire et fort mystérieux ; aujour-
d'hui, que sa mémoire doit avoir moins présents
des faits déjà éloignés, il a tout entendu, tout
compris, il trouve tout fort naturel. Bories ne

venait le trouver que pour lui parler de la part
des quatre fourriers de sa compagnie, pour un
fait de service. Par malheur pour cette inven-
tion, Bories à ce moment était cassé provisoirement ; il était à la garde du camp ; il ne pouvait donc circuler que furtivement ou par tolé-
rance, et il n'est guère présumable que les fourriers eussent choisi pour un fait de service
l'entremise de Bories.

Ce dernier n'allait donc le trouver la nuit
avec tant d'empressement que pour mettre Goubin en rapport avec lui.

Le soir Goubin se rendit en effet près de Massias ; il n'a cessé de le déclarer dans tous ses interrogatoires ; et, selon lui, le capitaine lui aurait répondu qu'il n'avait pas encore reçu d'ordres, mais qu'il attendait tous les jours une estafette de Paris. Massias, dans ses précédens interrogatoires, ne nie pas cette visite de Goubin,
qui, dit-il, vint d'un air très mystérieux lui demander s'il n'avait pas quelque chose pour lui.
Sur sa réponse négative, Goubin parut fort étonné
et ajouta : *C'est fort extraordinaire* ; puis ayant
entendu du bruit dans le corridor, il craignit
d'être surpris et s'éloigna. Cette démarche de
Goubin dut paraître à Massias aussi peu naturelle que la visite de Bories, et cependant il ne
demanda ni alors, ni depuis, le mot de cette singulière énigme. Le capitaine Massias était-il donc

résigné à se laisser mystifier par les sergens du
45e. régiment, puisqu'à l'entendre il ne leur faisait aucune observation sur les apparitions suspectes et les questions bizarres dont ils l'obsé-
daient soir et matin ? Mais l'incroyable patience
de cet officier va être mise à de plus fortes
épreuves. Vous savez qu'arrivé à La Rochelle,
Goubin s'aboucha avec le député de Paris, qui
voulut voir Massias et chargea Goubin de le lui
amener; pour donner à ce dernier une espèce
de mandat, il lui remit un mouchoir tricolore,
espérant que Massias ne serait point insensible à
ce message, qu'il accompagna d'une carte de reconnaissance. Goubin remplit sa mission, il fit
plus : pour favoriser l'entrevue, il dicta à Raoulx
une lettre pour Massias; il la signa et la porta
lui-même; une seconde lettre également dictée
par Goubin à Raoulx, fut portée à Massias par
l'accusé Bicheron. Ces faits sont avérés par les déclarations de Goubin, de Raoulx et de Bicheron.
Massias, dans ses premiers interrogatoires, avoue
lui-même avoir reçu ces deux lettres, auxquelles
il prétend n'avoir rien compris, bien que Raoulx
déclare qu'il y était question d'un rendez-vous;
proposition qu'un militaire sait toujours comprendre; et cependant le capitaine Massias ne
témoigna ni intérêt ni curiosité; il voit que ces
lettres sont signées par Goubin, par un sergent,
et il ne juge pas à propos de demander à son

subordonné ce que signifie le rendez-vous auquel il le convie avec tant d'instance ! Non, Messieurs, vous ne croirez point à une telle apathie de la part du capitaine Massias. Cet officier a pensé que les explications qu'il donnait sur son entretien avec Goubin étaient aussi peu satisfaisantes que celles qu'il avait présentées sur son entrevue avec Bories, et il les a également changées à l'audience. Goubin ne serait venu le voir à son logement que pour y chercher un médecin qui s'y trouvait, et voilà que, sa mémoire se réveillant tout-à-coup, il répète une prétendue conversation insignifiante, lorsque dans le temps il n'avait pu rien retenir. Quant aux deux lettres, il persiste à dire qu'il les a reçues; il ajoute même qu'elles contenaient l'invitation de se trouver avec une personne qu'il consentait à voir, et que cependant il n'a pas vue. Toutes ces réponses, Messieurs, sont fort équivoques, et ce que nous venons de vous exposer prouve suffisamment que Massias était initié au complot dont il s'agit.

Ici, Messieurs, nous sortons de la région des nuages pour arriver au grand jour. Plus de doute, plus d'incertitude dans la partie qui nous reste à parcourir; partout des preuves étincelantes de lumière; partout des traces profondes où l'on reconnaît la marche de chacun des accusés, dont il nous reste à examiner la culpabilité.

Le premier est le sergent-major Bories, chef

visible de toute cette conspiration, et né pour
conspirer, ainsi que vous avez pu le reconnaître
à ses principes et à ses discours; même avant
son séjour à Paris, sa conduite avait attiré l'attention de son colonel, et vous avez entendu ce
respectable officier vous dire que Bories avait
une tête fort exaltée et une opinion peu assurée.

C'est lui qui fonda la vente militaire dans le
45e régiment, pendant son séjour à Paris. Ce
fait est attesté à l'unanimité par tous les membres
de cette vente, et notamment par Pommier,
Goubin, Cochef, Barlet, Perreton, Asnès, Raoulx,
Dutron, Hue et Labouré. Tous le désignent,
dans leurs interrogatoires, comme un agent corrupteur. Écoutez-les, et vous serez frappés de la
conformité de leurs révélations sur ce point;
révélations que cependant ils ont faites séparément
et à l'insu les uns des autres. « J'ai été reçu,
dit Pommier dans ses interrogatoires du 25 mars
et du 9 mai, par Bories, qui me conduisit chez
deux bourgeois. Pendant sa maladie, je le rem-
plaçai deux fois à la vente centrale, où l'appelait sa qualité de député. » Au mois de mai 1821,
dit Goubin, dans ses interrogatoires du 26 mars,
8 mai et 10 juin derniers, « Bories me mena chez
deux bourgeois, qui me reçurent *carbonaro* et
me firent prêter serment sur un sabre nu, de ne
pas révéler, à peine de mort, les secrets de la société. »

« Au mois de novembre dernier , dit Labouré dans ses précédentes déclarations , je fus admis par Bories dans la société des *Carbonari;* je prêtai serment, je reçus les signes , et j'appris que cette société se divisait en une haute Vente, composée de gens fort riches; en Vente centrale et en Vente particulière : nous étions tous de cette dernière classe , à l'exception de Bories qui était admis à la Vente centrale et qui était notre chef. »

« C'est Bories , a dit l'accusé Hue, dans sa déclaration du 21 mars , qui m'a proposé de faire partie de la société des *Carbonari;* il m'annonça que je recevrais la mort, si je dévoilais quelque chose. »

« J'ai été reçu à Paris, a dit Asnès , dans ses interrogatoires des 24 mars et 31 mai , dans la société des *Carbonari,* par Bories qui me fit prêter serment sur la lame d'un sabre , de ne jamais révéler les secrets de l'association , dont le but était de rétablir les droits de la liberté , à main-armée ; et à cet effet , chacun devait avoir un fusil , une baïonnette et vingt-cinq cartouches.—Il y a huit à dix mois , a dit Thomas Jean, que j'ai été reçu par le nommé Bories, de la société dite des *Carbonari.* » Les accusés Cochet, Castille, Lecoq, Demait et Gauthier, ont fait, et à diverses reprises, de semblables déclarations. Tous ont été pervertis par Bories. Cet accusé a fait des tentatives près de plusieurs individus qui, plus heureux , ont repoussé ses propositions. C'est ainsi qu'il échoua près des témoins Boisset et Choulet. Boisset vous a dit que Bories lui demanda un jour, dans la rue du Foin à Paris, s'il voulait faire partie d'une société des amis de la liberté ; Boisset, ayant consulté un de ses amis, en fut détourné ; il apporta le lendemain son refus à Bories qui lui commanda le secret, en lui disant qu'il y avait peine capitale contre ceux qui le révélaient. Il est donc établi que Bories est le fondateur de la Vente militaire du 45e. régiment. Il n'est pas moins constant, qu'en sa qualité de président, il était député de la Vente centrale, où il allait chercher les ordres du jour qu'y déposait la haute-Vente. Ce fait est prouvé non-seulement par la déclaration de Pommier, qui l'a remplacé deux fois à cette Vente centrale pendant sa maladie, mais encore par les révélations très circonstanciées d'Hénon, qui l'a vu à cette Vente, et notamment lorsqu'à sa requête on délégua trois *bons cousins* pour aller fraterniser avec les membres de la vente militaire.

C'est Bories qui fut le distributeur des poignards à lui remis par la vente centrale, à diverses reprises. Il faut encore vous rappeler ici le texte des déclarations qui constatent ces faits importans. « La Vente centrale, dit Goubin dans ses interrogatoires précités, a remis trois ou quatre poignards à Bories, pour nous les distribuer : on m'en a donné un. Au moment de son arrestation, il me

16

confia un petit carton, sans me dire ce qu'il contenait, en me recommandant de le remettre à Pommier; je le portai à celui-ci, qui, l'ayant ouvert en ma présence, y trouva treize ou quatorze lames de poignards non montées; il les a cachées, et on les a trouvées dans le même état. »

. « Au mois de décembre dernier, a dit Pommier, Bories me remit un poignard qui depuis fut trouvé à La Rochelle, dans la paillasse de mon lit; de plus, et postérieurement, il me fit remettre par Goubin un paquet de douze lames de poignards environ, que j'étais chargé de distribuer. Les *Carbonari* devaient en frapper ceux qui divulgueraient le secret de l'association. » Les accusés Raoulx, Thomas, Cochet, Perreton, Bicheron et Goupillon avouent également avoir reçu des poignards; et ici, le fait n'est pas seulement constaté par l'ensemble de leur déclaration, mais encore par un procès-verbal de perquisition et par les dépositions des témoins Devilier, Dumesnil, de Brécourt, Frenel, Dubar, Roussel, Lucas, Langai et Morin.

Bories recevait aussi de l'argent de la haute Vente par l'entremise de la Vente centrale; cet argent était destiné à faire boire les soldats pour les embaucher, et les *Carbonari*, pour les exalter de plus en plus. Raoulx, Goubin, Cochet, parlent en effet de l'argent qui aurait été donné ou proposé par Bories. Labouré, dans son interrogatoire du 31 mars, dit que Cochet, Perreton et lui mangeaient avec Raoulx, Pommier, Barlet et Goubin ; qui faisaient plus de dépense qu'ils ne pouvaient en faire. M. le colonel Toustain et M. l'adjudant - major Bourdillat s'aperçurent que la plupart des sous-officiers impliqués dans cette affaire faisaient des dépenses au-dessus de leurs moyens ; tout prouve qu'ils tenaient cet argent de Bories ; la plupart des accusés ont déclaré que ce dernier déboursa 50 fr. pour le repas qu'il leur donna à l'auberge de la Fleur-de-lys à Orléans.

Les circonstances de ce repas sont très graves contre Bories, dans le système de l'accusation. Elles ne peuvent d'ailleurs être récusées, car elles ont fait l'objet de plusieurs déclarations. Pommier, Goubin, Asnès, Thomas, Demait, Lecocq, Bicheron, Raoulx, Barlet, Labouré, Dutron et Gautier, reconnaissent tous avoir assisté à ce souper. Quelques uns, sentant quelles inductions on en doit tirer contre eux, cherchent à atténuer les propos qui y furent débités, ou prétendent n'y avoir pas fait attention ; mais la plupart ont révélé la vérité. Goubin déclare, dans son interrogatoire du 26 mars, que pendant le repas d'Orléans, Bories annonça qu'il attendait tous les jours des ordres de Paris, qu'on n'irait pas jusqu'à La Rochelle avant d'exécuter le complot, et que l'on commencerait sans doute après l'étape de Tours; qu'il s'agissait de marcher sur Saumur et de se joindre aux rebelles. Bicheron, nouveau *Carbonaro*, avait toute la ferveur d'un néophite, il dut écouter le discours de Bories. « Bories, dit-il, dans son interrogatoire du 24 mars, nous dit à la fin du dîner que peut-être nous ne passerions pas Tours, et que s'il y avait quelque chose de nouveau il nous l'apprendrait. » Ces propos sont également rapportés par Pommier, Raoulx et Cochet.

A leurs déclarations se joignent d'autres déclarations dignes d'être accueillies par vous; telles sont celles des individus qui, en écoutant le plan de la conspiration, conçurent une juste horreur des projets qu'ils avaient embrassés avec une légèreté coupable, et résolurent de s'en purifier en rompant tout commerce avec les conjurés. Labouré vous a dit, dans son interrogatoire du 21 mars : « Lors de notre passage à Or- » léans, Bories nous a invités à souper à l'au- » berge de l'enseigne de la Fleur-de-lys; il nous » dit que nous n'irions sans doute pas jusqu'à » La Rochelle ; que l'affaire commencerait » avant, et que nous irions du côté de Saumur » nous joindre aux révoltés. Il chercha à nous » encourager dans cette entreprise par des pro- » messes d'avancement. Connaissant alors le vé- » ritable but du complot, je pris la résolution, » avec Perreton et Cochet, de rompre dès ce

» moment avec une société coupables, nous cher-
» châmes ensemble Bories pour lui dire qu'il
» ne devait plus nous compter parmi les affiliés.
» Je ne pus le rencontrer qu'à St.-Maxent, et
» lui dis, tant en mon nom qu'au nom de Peirre-
» ton et de Cochet, que nous n'étions plus des
» siens, et qu'il nous avait trompés. Bories me
» répondit qu'il me donnait vingt-quatre heures
» pour y réfléchir ; j'ajoutai que mes réflexions
» étaient toutes faites, et alors il ajouta : « Vous
» êtes des lâches ; rentrez dans la classe d'où
» vous sortez. » Cette déclaration coïncide avec
celle de Cochet, qui, dans son interrogatoire
du 25 mars, a dit : « Labouré, Perreton et
» moi, nous prîmes la résolution de nous sépa-
» rer de Bories et de sa clique, et d'en pré-
» venir positivement Bories, qui était le chef ;
» car nous voyions bien qu'on voulait nous en-
» traîner dans une mauvaise action. Gindrat
» partageait nos sentimens ; je l'ai vu à Tours,
» passant devant le corps-de-garde où Bories
» était détenu, et cherchant l'occasion de lui
» parler ; il disait en pleurant : ces coquins nous
» ont trompés, ils veulent nous perdre d'un mo-
» ment à l'autre, s'ils exécutent leur dessein ;
» je veux me retirer de leur société. Ce n'est
» qu'à St.-Maxent que Labouré a pu voir Bories
» de notre part ; il lui a déclaré formellement que
» nous nous retirions ; il lui donna jusqu'au len-

» demain pour y réfléchir, et Labouré ayant per-
» sisté, il lui répliqua : *Vous êtes indigne du nom*
» *de Français ; rentrez dans la classe d'où vous*
» *sortez.* » A l'exception de Labouré, Perreton,
Cochet et Asnès, les convives de Bories, lors du
souper d'Orléans, persistèrent dans le complot,
et cette circonstance pèsera sur chacun d'eux.

Après ce repas, qui se termina en buvant à la
liberté et à Bories, ce dernier répéta encore en
particulier à Pommier ce qu'il avait dit pendant
le souper ; il ajouta qu'ils étaient suivis par des
officiers d'artillerie et deux pièces de canon.
Pommier a formellement déclaré ce fait, sur lequel s'est récrié Baradère en alléguant son invraisemblance, et qui n'est pas rappelé comme un
fait vrai en lui-même, mais comme un fait allégué
par Bories, et prouvant qu'il voulait, fût-ce par
un mensonge, exalter les espérances de ses complices.

Le témoin Choulet dépose que sur la route
d'Orléans à La Rochelle, Bories l'engagea à
prendre parti contre le gouvernement, en lui
disant que les choses ne pouvaient rester comme
elles étaient, que les militaires n'avaient plus d'a-
vancement et qu'ils ne resteraient pas long-temps
sous le joug. Choulet ayant refusé d'accéder à
ses propos, Bories lui répliqua : « *Quel diable*
d'homme êtes-vous donc? si tout le monde était
comme vous, on ne ferait jamais rien.

Arrivé à Tours, il va trois fois en une seule nuit, accompagné de Goubin, chez le capitaine Massias pour savoir s'il a reçu des ordres. Goubin, dans ses premiers interrogatoires, a dit que sa visite avait en effet cet objet, et qu'il s'agissait en outre de le mettre, lui Goubin, en rapport avec Massias, pour prendre ses ordres. Bories et Massias en avouant cette vérité, dissimulent son but; ils prétendent aujourd'hui l'un et l'autre, pour la première fois, qu'il s'agissait d'une commission que quatre fourriers auraient donnée à Bories pour Massias. Nous avons démontré ailleurs comment cette version, imaginée après coup, est invraisemblable, puisqu'alors Bories était cassé provisoirement, et que ce n'eût pas été à lui, qui était présumé en détention, que les fourriers se seraient adressés. D'ailleurs, cette commission importante et si pressée, qui obligeait Bories de passer toute la nuit à la recherche du capitaine Massias, c'était tout simplement pour lui dire que les fourriers étaient partis. Arrivé à Poitiers, Bories reçut la permission de rester à son logement parce qu'il avait la fièvre. Là, le délire de la maladie apparemment lui fit tenir des propos séditieux, si extravagans, que des individus crurent devoir en prévenir le général Malartic. On exposa à ce général qu'on avait vu une bourse pleine d'or dans les mains de Bories; rapport fut fait comme nous l'avons dit

au général Despinois, et puisqu'il intervînt à
cet égard une punition militaire, il y a présomption due aux actes de l'autorité. Conduit
dans les prisons de La Rochelle, Bories séduit
le gardien Bolsingre, et va à son logement ouvrir
furtivement sa malle, d'où probablement il fit
disparaître ce qu'elle pouvait contenir de sus-
pect ; il en retira aussi les cartes de reconnaissance qu'il envoya à Pommier. Il prétend
que sa malle avait déjà été visitée avant par
l'adjudant-major Bourdillat. Il est prouvé au
contraire qu'il y avait fouillé auparavant ; car
le colonel ne reçut que le 21 l'ordre de faire
visiter la malle, et c'est le 22 que Bories fut
transféré de La Rochelle à Nantes. Le témoin
Bolsingre a prouvé que Bories était venu chercher dans sa malle deux ou trois jours après
son arrivée. Or, il arriva à La Rochelle le 12
février, et sa malle ne fut pas visitée par ordre
avant le 21. Bolsingre dépose en outre que Bories
alla seul près de sa malle et qu'il lui parla de
papiers qu'il avait à en retirer. Sa détention et
ensuite son départ ne lui permettant plus de
vaquer aux affaires de la conspiration, il remit
ses pleins pouvoirs à Goubin, près des *Carbo-*
nari du 45e. Après Bories, Goubin est celui qui,
de tous les membres de la *Vente-militaire*, a le
plus coopéré au complot.

Cet accusé avait tout avoué dans ses inter-

rogatoires qu'il avait subis le 26 mars devant
M. le Procureur du Roi de La Rochelle, et à
Paris, les 8 mai et 10 juin, tant devant M. de
Belleyme que devant M. de Cassini. Aujourd'hui
il met dans ses désaveux une obstination vio-
lente qui démontre avec quel aveuglement les
accusés militaires se sont précipités dans le misérable système de dénégation qu'ils n'auraient
jamais conçu sans les suggestions perfides de
quelques-uns de leurs complices. C'est ici qu'il
faut s'arrêter un moment sur les vices d'une pareille défense que, dans leur propre intérêt, ils
auraient dû éviter ; car, auprès des jurés, le
meilleur moyen oratoire c'est l'accent de la
franchise.

Le premier jour des débats, tous les accusés
militaires semblèrent avoir pris pour thème l'in-
vention d'une société philanthropique substituée
par eux à la secte des *Carbonari*, et dont cependant ils n'avaient pas dit un seul mot dans tous
leurs interrogatoires ; tous prétendaient n'avoir
fait partie que de cette société de bienfaisance
dont le but était de s'assurer des secours mutuels dans le cas où la maladie les conduirait
à l'hospice. Il était difficile de vous faire accueillir cette fable. Non-seulement il n'est guère
présumable que des soldats qui, par caractère,
sont assez imprévoyans, portent leur sollicitude
pour l'avenir jusqu'à se préparer un lit de repos

17

dans leurs souffrances ; et d'ailleurs les militaires n'ont-ils pas de plein droit une place dans ces asiles que la religion ouvre aux douleurs ? ne reçoivent-ils pas, comme une dette de la patrie, des soins que les autres reçoivent comme un bienfait de l'humanité ? Pourquoi donc se seraient-ils, sans nécessité, soumis à des cotisations mensuelles ? Il eût été aussi fort extraordinaire que le taux de la cotisation fût précisément le même que dans la charbonnerie ; il eût été encore plus étonnant que cette simple société philanthropique se fût approprié les sermens, les poignards, les mots d'ordre de cette dernière association, et enfin que le nombre de ces membres eût été celui que déterminent les statuts des *Carbonari*, pour la composition de chaque *vente*.

Il était donc impossible que les accusés parussent étrangers à la charbonnerie ; et l'allégation de leur société philanthropique ne pouvant donner le change comme ils l'avaient d'abord espéré, ils se concertèrent sur un nouveau plan de défense, et ils imaginèrent le second jour des débats de déclarer par acclamation qu'à la vérité ils avaient été reçus *Carbonari*, non pas à Paris, mais à La Rochelle. Cet anachronisme volontaire a dû plaire à Baradère, car il rompait le fil de communication entre Paris et La Rochelle ; dès-lors on ne pouvait prétendre que le complot avait été préparé dans la capitale, et c'était tout ce qu'il fallait à Baradère et aux intérêts du comité-directeur, sauf aux militaires à s'en tirer ensuite comme ils le pourraient. Mais cette nouvelle version est démentie, ainsi que la première, par les aveux précis et concordans de presque tous les accusés, aveux consacrés irrévocablement dans leurs nombreux interrogatoires. Comment Goubin, Pommier et leurs complices vont-ils éluder ces actes accusateurs? Par d'absurdes calomnies, par des inventions ridicules, par des moyens dérisoires qui ne soutiendront pas un instant la discussion et dont vous avez déjà fait justice. Ils prétendent, à l'égard des interrogatoires subis devant l'autorité militaire, que leurs aveux ont été arrachés par les menaces du général Despinois; et à l'égard des aveux faits devant l'autorité judiciaire, tant à La Rochelle qu'à Paris, ils prétendent qu'on ne leur a pas donné lecture de leurs interrogatoires, si ce n'est de celui qu'ils ont subi devant M. de Cassini.

Nous regrettons que M. le lieutenant-général Despinois, assigné à la requête des accusés, n'ait pu se rendre à Paris; nous le regrettons, malgré l'inconvenance et le danger d'un pareil déplacement. Nous disons l'inconvenance, parce que c'est dégrader le caractère des fonctionnaires, que de les traduire au gré des accusés à la barre

des tribunaux, pour rendre compte, en quelque
sorte, de leur conduite, quand la loi attache à
leurs actes une authenticité qui existe jusqu'à
preuve de faux ; les fonctionnaires publics ne sout
pas les témoins des faits qu'ils certifient d'après
les déclarations qu'ils recueillent dans leurs actes. Ces actes se défendent d'eux-mêmes, et ce
serait un étrange abus que de forcer ceux qui les
rédigent à se rendre sur les différens points de la
France, pour s'y disculper des imputations ca-
lomnieuses des accusés qui ont intérêt à détruire
tout ce qui constate leur culpabilité. Non, les
fonctionnaires publics ne peuvent être ainsi trans-
formés en commis-voyageurs, et si l'on allègue
qu'ils ont employé le faux ou la violence, il faut
apparemment qu'on ait à fournir des preuves indépendantes de la comparution de ces fonctionnaires, qu'on ne peut contraindre à venir s'accuser eux-mêmes, quand déjà il serait injurieux
à leur propre dignité de venir se défendre d'une
calomnie. Il n'y aurait pas seulement inconvenance ; il pourrait y avoir encore danger à
déplacer ainsi les dépositaires de la force publique, à les déplacer de certains lieux et en certains temps ; ce serait un moyen de plus dont les
conspirateurs ne manqueraient pas d'enrichir
leur répertoire. Si M. le lieutenant-général Despinois eût été à Paris, il se fût empressé sans
doute, comme M. le Préfet de police, de venir

foudroyer par sa présence d'indignes calomnies ;
mais lorsqu'on a attendu le dernier moment pour
le faire assigner, lorsque cet officier ne pouvait
quitter son poste qu'après avoir requis l'autorisation du ministre de la guerre, et lorsqu'enfin il
était assigné par des soldats qui ne l'appellent
que pour l'insulter par d'absurdes calomnies,
des soldats avec lesquels il n'a rien eu de commun, il a pu se dispenser de paraître, surtout
dans l'état d'agitation où sont peut-être les départemens de l'Ouest, par suite de tous les mouvemens insurrectionnels que la malveillance a
tenté d'y exciter dans le cours de cette année.

Nous avons dit que M. le comte Despinois
n'avait rien de commun avec les accusés ; et en
effet, Messieurs les Jurés, c'est ici qu'on peut
se demander avec surprise, où est le motif de
tout le bruit scandaleux qu'on a fait à l'occasion du général Despinois. Pour avoir été inter-
pellé avec tant de violence et d'audace, a-t-il donc
fait planer son influence sur la découverte du
complot ? Non, Messieurs, car il était à Nantes
lorsque le complot a été dévoilé à La Rochelle,
où il n'est arrivé que quelque temps après, et
alors qu'il y avait eu déjà information militaire
et instruction judiciaire. Est-ce lui qui a présidé
aux interrogatoires des prévenus ? Non, Messieurs, car ces interrogatoires commencés avant

son arrivée à La Rochelle, et renouvelés depuis à Paris, ne portent aucun caractère de sa présence. Il n'a pas interrogé un seul des prévenus, il n'a rédigé, ni signé aucun procès-verbal, aucun des actes de la procédure qui a été communiquée aux défenseurs et qui passera sous vos yeux; en un mot aucun des élémens de l'accusation n'émane de son autorité. Deux seules lettres figurent au procès ; vous croirez peut-être que du moins ces lettres sont son ouvrage ? Non, Messieurs, ces lettres elles-mêmes lui sont étrangères: l'une est de Pommier, l'autre est de Goubin, qui l'un et l'autre les lui adressèrent volontairement, et dans l'inspiration du repentir. Ils prétendent aujourd'hui que ces deux lettres, pleines des aveux de leur crime, leur furent arrachées par les menaces ou les promesses du général Despinois. Mais d'abord Goubin vous a dit que le modèle de la lettre qu'il avait écrite au général, lui avait été jeté dans sa prison par Pommier, et qu'il n'a fait que calquer ce modèle. S'il a cédé à l'invitation de son complice; s'il a, de son propre mouvement, imité l'exemple de ses aveux et de son repentir, la lettre ne lui a donc pas été extorquée par la violence ou les artifices de l'autorité. Mais il y a plus, et nous recommandons ce fait décisif à votre attention, avant d'écrire ainsi de lui-même à M. le comte Despinois, Goubin avait été interrogé le 26 mars à La Rochelle,

par M. le Procureur du Roi, et il est tellement
vrai que c'est devant ce magistrat qu'il a avoué
pour la première fois, que le début de son interrogatoire est ainsi conçu :

Demande. — « Persistez-vous à soutenir que
» vous ne faites pas partie d'une société secrète
» dite des *Carbonari ?*

Réponse. — » Non, je vais dans l'intérêt du
» Roi autant que dans le mien , et cédant à la
» voix d'un sincère repentir, vous déclarer fran-
» chement tout ce que je sais. »

Il ne reste donc dans la cause que la lettre
de Pommier, de cet accusé qui a poussé l'extra-
vagance de ses imputations diffamatoires contre
le général, jusqu'à prétendre que c'est lui qui
l'a engagé à nommer le capitaine Massias , et
que pour exciter ses révélations, il lui persuada
que lui-même était *Carbonaro*, et qu'il devait
livrer la ville de Nantes, comme si en faisant
une pareille confidence au sergent-major Pommier, ce général n'eût pas vu plutôt en lui un
de ses adhérens et un *bon cousin*, qu'un coupable contre lequel il fallait procéder avec rigueur ? A l'égard du capitaine Massias, on vous
a dit que Pommier l'avait nommé à la fin de sa
lettre, comme si ce nom lui eût été arraché de
guerre-lasse; et il est à remarquer que ce n'est
pas dans la lettre, mais au bout de l'interrogatoire qu'il a subi le 25 mars devant le Procu-

reur du Roi de La Rochelle, que se trouve cette
mention finale.

Nous avons dit pendant les débats, que la lettre de Pommier était postérieure aux aveux
qu'il avait déjà faits devant le Procureur du
Roi de La Rochelle; on a répondu que la lettre et l'interrogatoire portaient la même date
du 25 mars; nous répondrons, que le procès-
verbal a une date certaine, et que la lettre autographe de Pommier n'en a pas; que cet accusé, pour rehausser le prix de ses aveux, a pu
antidater la lettre qu'il adressait au général,
mais qu'il n'en résulte pas moins, du texte mé-
me de son interrogatoire judiciaire, que c'est
devant le Procureur du Roi qu'il a fait ses premiers aveux; mais supposons que ce soit dans
la lettre au général : pourquoi les a-t-il renouvelés volontairement devant le Procureur du
Roi de La Rochelle? Pourquoi, lorsque l'affaire
fut renvoyée à Paris, a-t-il persisté dans ses
révélations? Pourquoi tous ses interrogatoires
subis devant les magistrats de la Rochelle et de
Paris, contiennent-ils une foule de détails circonstanciés qui ne se trouvaient pas dans la
lettre au général Despinois; une foule de détails
précis sur lesquels ont également déposé d'autres prévenus qui n'avaient pas écrit à ce général, et qui, par conséquent, n'avaient pu se faire
souffler par lui ces mêmes détails dont ils instrui-

saient la justice. Ah! c'est ici qu'il faut le répéter, où était le motif, le prétexte des incrimi-
nations, des clameurs, des reproches virulens
dont le général Despinois a été l'objet, lui dont
l'autorité ne s'est point entremise dans cette
affaire? Il faut dire la vérité, quelque pénible
qu'elle soit : ce général, dont la fermeté a comprimé plus d'une fois la turbulence des factieux,
est devenu leur ennemi personnel. Tandis qu'in-
sulté à Nantes par des perturbateurs, qui pour
ce fait ont été condamnés, voilà qu'il est accusé dans une cause à laquelle il est étranger;
voilà qu'il est accusé non pour le besoin de cette
cause, mais au profit du parti, en telle sorte que
jusque sur les bancs de cette cour on poursuit
un plan de malveillance, en ce sens que l'on cherche à diffamer et à perdre tous ceux qui, par
une énergie trop rare et trop souvent découragée,
peuvent encore en imposer aux rebelles. Au surplus, Messieurs, et pour terminer cet épisode,
disons qu'il était d'autant plus inutile de parler
des deux lettres écrites librement par Goubin et
Pommier au général Despinois, que l'accusation
n'en parle pas. Qu'on les retranche, si l'on veut,
de la cause; peu nous importe. Ne nous reste-
t-il pas tous les interrogatoires judiciaires qui contiennent plus de développemens que les lettres
elles-mêmes. Ces actes inattaquables font mention que lecture en a été faite aux accusés, men-

18

tion signée comme tout l'acte par les accusés, qui
dès-lors ne peuvent prétendre ne pas en avoir eu
connaissance. Quant aux derniers interrogatoires
subis récemment devant M. de Cassini, ils avouent
les avoir entendu lire, mais n'y avoir pas fait attention : que répondre à des moyens de cette nature ! Disons donc que ces interrogatoires sont
réguliers, qu'ils contiennent des aveux et des
révélations sans réplique, et que dès-lors vous de-
vez les accueillir comme élémens de conviction.
Goubin y reconnaît qu'il a été reçu *Carbonaro*,
et qu'en cette qualité il a prêté serment sur un
sabre, de ne point révéler, sous peine de mort, les
secrets de la société. Les accusés Hue, Cochet,
Perreton, Barlet, Dutron, Pommier et Goupillon l'ont également désigné dans leurs interrogatoires, comme un des membres les plus actifs de la
charbonnerie. C'est lui qui a débauché Raoulx,
Demait, Dutron et Bicheron ; tous trois l'ont
affirmé. Il avoue avoir reçu une première fois à
Paris, des poignards que Bories le chargeait de
distribuer ; il en a proposé à Perreton et à Cochet
qui le déclarent ; il en a donné un à Thomas et
Thomas le déclare ; il en a remis un à Raoulx qui
le déclare ; plus tard à La Rochelle, il remit à
Pommier, de la part de Bories, onze lames de
poignards ; il remit un poignard à Bicheron, ce
dernier lui en vit aiguiser un ; Castille et Asnès,
lui virent aussi un poignard dans les mains. Un

procès-verbal de perquisition et les dépositions
des témoins Lucas et Dumesnil, attestent qu'on
trouva sept manches de poignards dans la paillasse de son lit ; enfin Goupillon affirme que lorsqu'il a été reçu *Carbonaro* par Goubin, ce dernier tira un poignard de sa poche et le fit jurer,
sur cette arme, de garder les secrets de l'ordre.
Dariot-Seq reconnaît avoir été reçu de la même
manière par Goubin. Goubin se rend avec les
autres membres de la vente militaire à l'auberge
du Roi-Clovis. Il avoue ce fait et reconnaît également avoir vu au Palais-Royal plusieurs bourgeois qui le félicitèrent de ce que le 45e. régiment allait commencer bientôt l'insurrection.

Il assista au repas donné à Orléans par Bories,
et entendit tous les propos que tint ce dernier sur
l'exécution prochaine du complot. « Pendant le
dîner, dit-il, Bories nous dit que nous commen-
cerions l'exécution du complot à l'étape de Tours ;
que nous marcherions sur Saumur, dont les portes nous seraient ouvertes par la garnison du
château; que ce serait à Tours qu'il recevrait ses
derniers ordres et ses dernières instructions. » A
Niort, il s'abouche avec des *Carbonari* de cette
ville, en reçoit des confidences analogues à l'insurrection générale et chante avec eux des couplets séditieux.

Bories le met en rapport avec Massias, qui,
selon Bories, devait transmettre les ordres de

Paris ; que Massias ait nié qu'il dût donner des ordres, cette dénégation ne décharge point Goubin, car il suffisait qu'il crût que Massias devait, en effet, transmettre ces ordres, et qu'il se fût constitué, près de ce capitaine, un ardent entremetteur, pour qu'il y ait culpabilité de sa part. Or il avoue qu'en effet Bories le mit en relation avec Massias, pour le fait de la conspiration, et Massias lui-même convient l'avoir entendu lui demander s'il n'avait rien reçu. Goubin avoue également qu'il a remplacé Bories, après l'arrestation de ce chef, et qu'en sa qualité de suppléant, il a été muni des cartes de reconnaissance qui pouvaient l'accréditer près des députés du comité-directeur. *Bories*, dit-il, *fit remettre à Pommier, avec un paquet de papiers, des cartes de reconnaissance ;* et plus bas, il ajoute : *Pommier, étant retenu par son service, me donna les cartes de reconnaissance....* Il reconnaît avoir eu plusieurs conférences avec ces députés, au sujet du complot, et avoir renouvelé, à la demande de l'un d'eux, ses démarches près de Massias, pour l'engager à ne point se tenir éloigné du commissaire de Paris. Tous ces faits, confessés à plusieurs reprises, sont en outre confirmés, premièrement par le procès-verbal dressé à La Rochelle, et constatant qu'il a été trouvé en sa possession des cartes découpées telles qu'en emploient les *Carbonari ;* secondement, par les déclarations de Raoulx auquel il a dicté les lettres qu'il adressait à Massias, et de Bicheron qui a porté une de ces lettres.

Le 10 mars dernier, Goubin se trouva à une réunion convoquée au Lion-d'Or, auberge du village de Lafond, près La Rochelle, réunion où il expliqua comment le mouvement devait s'opérer; il dit que les bourgeois étaient convenus de s'emparer du logement des officiers, qu'on arborerait le drapeau et la cocarde tricolore, et que les *Carbonari* prendraient la conduite des hommes du régiment; c'est encore dans cette réunion qu'on agita la question de savoir ce qu'on ferait des chefs. Ces faits sont attestés par Raoulx, Dariot-Seq, Goupillon et Bicheron.

Goubin, arrêté pour fait de discipline, passe le sceptre de la charbonnerie du 45e. régiment à Pommier, qui réunit les *Bons Cousins*, le 16 mars, à l'auberge de la Boule-d'Or. Goubin, séduit le gardien Bolzingre et se rend lui-même à cette réunion, où il se concerte avec les conjurés sur l'exécution prochaine du complot. Goubin a reconnu ces faits, avec des détails fort circonstanciés, dans ses interrogatoires des 26 mars et 8 mai, faits qui sont d'ailleurs avérés par les déclarations de Pommier et Goupillon. Celui-ci s'exprime ainsi, dans ses révélations du 21 mars: « Le lendemain de l'arrestation de Goubin, je fus, avec Pommier et Raoulx, à la Boule-d'Or,

où nous trouvâmes ledit Goubin, habillé en bourgeois. Nous soupâmes ensemble, et il nous dit
que, sous quatre jours, l'affaire devait éclater.
Ces individus me dirent que le général Berton
était très près de la ville, et que six heures avant
l'attaque il devait entrer à La Rochelle, pour nous
faire agir en conséquence; que des paquets de
cartouches, ainsi que de l'argent, nous seraient
remis pour être délivrés aux hommes de nos compagnies sur lesquels nous pouvions compter. » Il
résulte de ces mêmes révélations, que Goubin
pria Raoulx de lui apporter, à la Tour, un poignard, car il était sans armes, comme détenu;
il ajouta qu'il se chargeait, au moment de l'action, de délivrer les prisonniers et qu'il se met-
trait à leur tête. Lorsque Raoulx s'acquitta le
lendemain de sa commission, Goubin lui répéta
le propos de la veille. Goubin prétend qu'il n'aurait pu recevoir un poignard dans sa prison, où
on le tenait rigoureusement avec un carcan de
fer : allégation mensongère, car il est prouvé que
Goubin était traité avec tant d'indulgence, que le
gardien sortait et buvait avec lui.

Faut-il ajouter à tant de preuves accablantes
que Cochet, dont nous avons vu le repentir à la
suite du dîner d'Orléans, a déclaré que Goubin
lui fit des reproches à La Rochelle de ce qu'il
détournait ses camarades de se faire *Carbonari*?

Faut-il encore rappeler que le fourrier Lucas

a déposé que, tous les jours, Goubin recevait dans sa chambre Pommier, Raoulx, Asnès, Thomas, et quelques autres, parlant sans cesse à voix basse, et se taisant tout-à-coup avec défiance lorsqu'il voyait approcher le témoin; qu'en outre, Lucas dépose que souvent Goubin, assis sur son lit, entouré des mêmes individus, discutait devant une carte de France déployée, en disant: *Voilà notre point de direction.* La carte a en effet été trouvée dans la paillasse de Goubin. Faut-il encore ajouter ce que les gendarmes, composant les différentes brigades chargées de conduire plusieurs des accusés de La Rochelle à Paris, ont déposé devant vous sur les propos que Goubin leur a tenus pendant la route? Les gendarmes Sarrasin, Poignant, Sauvage, Dominot, Denis, Tournois, ont en effet répété à l'audience, que Goubin exprimait tout haut ses regrets de ce que la conspiration n'avait point réussi; il ajoutait qu'elle réussirait une seconde fois, parce que si l'on avait coupé quelques branches, l'arbre était toujours debout; qu'avec de la persévérance on arriverait au succès; que tout se ferait sans coup-férir; et que lorsque les Bourbons seraient détrônés, le peuple serait appelé à nommer un autre souverain, et ferait proclamer la constitution de 91.

Pommier marche de près sur les traces de Bories et de Goubin; son zèle et son activité pour la prospérité de la charbonnerie le faisaient même confondre avec ce dernier, dans les affections et les épanchemens confidentiels du président de la vente militaire. En effet, Bories avait une égale confiance envers Goubin et Pommier; tous deux avaient été reçus le même jour; et par son entremise, dans la secte des *Carbonari*; tous deux recrutèrent avec succès; et si Goubin a pu conduire plusieurs de ses camarades au giron de la Charbonnerie, Pommier ne fut pas moins habile, puisqu'il résulte des débats qu'il a fait recevoir *Carbonari*, les accusés Barlet, Dutron, Cochet, Bicheron, Perreton, Labouré, Thomas et Gauthier; tous ces individus l'ont déclaré dans leurs interrogatoires, tant à La Rochelle qu'à Paris.

Pommier lui-même a tout avoué dans son interrogatoire du 25 mai, devant M. le Procureur du Roi de La Rochelle et renouvelé deux autres fois à Paris. Il a donné notamment sur les jours qui ont précédé l'arrestation des conjurés, des détails remarquables. «Depuis notre arrivée à La Rochelle, dit-il, nous nous attendions tous les jours à exécuter le complot. Nous devions établir trois postes dans le voisinage des casernes, composés de sous-officiers et soldats, sur lesquels nous pouvions compter pour empêcher les officiers du régiment de se rendre aux casernes... Les villages d'alentour devaient suivre La Rochelle; Berton, attendu dans cette ville, y devait arborer le drapeau tricolore. Bories ayant été conduit à la Tour, remit ses fonctions à Goubin. Il me dit un soir que le général Berton avait déjà commencé à Thouars. Goubin allait souvent voir à la campagne un député de Paris, qui était aux environs de La Rochelle. Je suis allé le voir le 17 de ce mois, je lui ai parlé pendant une demi-heure, il me dit que l'on commencerait dans six jours ; c'est un homme de trente ans environ, de cinq pieds cinq pouces, un peu courbé, le col enfoncé dans les épaules, etc... Cette campagne où je suis allé est située à une lieue environ de la ville ; on y va en sortant de la porte Dauphine, on détourne à gauche ; après la barrière on passe près de la fontaine, etc. »

. Pommier, après avoir donné beaucoup d'autres détails qui se rapportent avec ceux que de son côté a donnés Goubin, ajoute que le soir il eut un second rendez-vous avec le commissaire : « Il » finit par me dire, continue cet accusé, que » dans le moment où nous serions occupés à em- » pêcher les officiers de communiquer avec les » casernes, le général (il ne me l'a point indi- » qué, et je croirais, de la manière dont il s'est » exprimé, qu'il voulait parler de lui) arriverait » avec la garde nationale, qu'il déploirait le » drapeau tricolore, ferait battre aux champs, » et que l'affaire serait bientôt terminée, etc. »

. Pommier avoue dans ses mêmes interrogatoi-

res, qu'étant encore à Paris, il remplaça plu-
sieurs fois Bories à la vente centrale tenue chez
Baradère; et en effet, Bories fût deux fois au
Val-de-Grâce pour cause de maladie.

Pommier a essayé de rétracter à cette audience
ses précédents aveux; mais ils sont indélébiles,
et ses dénégations n'ont servi qu'a mieux dévoiler son caractère. Comme Goubin, il a prétendu que sa lettre à M. le comte Despinois lui
avait été arrachée par menaces ou promesses.
A l'égard des interrogatoires judiciaires où il a
réitéré et même développé ses révélations premières, il allègue n'en avoir pas pris lecture;
mais au milieu de ses dénégations un de ces
traits lumineux qui semblent lancés par la justice divine pour confondre l'imposture, est venu
sillonner l'obscurité que l'accusé s'efforçait de
répandre sur son crime. Dans les reproches qu'il
a adressés devant vous à Goupillon, il a proféré
ces mots remarquables : « C'est vous qui, lorsque
» j'étais à la salle de police, vîntes me prendre
» les mains à travers les barreaux, en me disant
» il faut attaquer cette nuit ou nous sommes per-
» dus..... C'est vous qui m'avez parlé des pièces
» d'artillerie qu'on pouvait prendre à l'arsenal...
» c'est vous qui avez offert de proposer des es-
» pingoles... » Frappé de ces aveux échappés à
Pommier, nous lui avons fait observer que Goupillon ne pouvait tenir un pareil langage qu'à

son complice, qu'à celui avec lequel on avait concerté le complot.

Pommier ne nie point s'être rendu à l'enseigne
du *Roi-Clovis*; il assista au repas d'Orléans, et de
son aveu même convient d'avoir entendu Böries
lui dire que l'on n'irait pas plus loin que Sainte-
Mauré; que rendu là, on se porterait sur Saumur;
que la garnison de cette ville était gagnée. Il est
à remarquer, Messieurs, qu'en effet Saumur,
ainsi qu'il résulte de l'acte d'accusation du procureur-général de Poitiers, était alors le rendez-
vous des conjurés, et c'est sur ce point que, depuis, les insurgés de Thouars ayant le général
Berton à leur tête, se sont dirigés. Mais ce que
nous savons maintenant était alors ignoré de tous
ceux qui ne faisaient point partie du complot,
puisque c'est plus de douze jours après que Saumur a été, en effet, attaqué.

C'est encore sur la route de Paris à La Rochelle que Pommier, ivre de ses projets, dit au
témoin Colignon, qu'on n'irait pas jusqu'à La
Rochelle; et le témoin lui ayant demandé pourquoi? il répondit: *Il faut que je sois capitaine
ou mort*. Arrivé à La Rochelle, ce même Colignon
voulant établir une cantine devant le quartier,
Pommier l'engagea à ne point acheter beaucoup
de vin, parce qu'il y aurait bientôt du changement. Ce fut lui qui, le 16 mars, ayant remplacé
Goubin dans la direction du complot, assembla

les conjurés à l'auberge de la Boule-d'Or, et délibéra avec eux sur l'exécution prochaine du
complot. Le lendemain 17, il trouva Raoulx et
Goupillon au café Demeule, et les quitta pour
aller se concerter avec les commissaires de
Paris.

Le même jour il rejoignit Goupillon, Raoulx
et Asnès, chez Yveri, à l'auberge du Soleil-d'Or,
où il commanda un dîner. Goupillon, dans sa déclaration du 21 mars, s'exprime ainsi : « Pommier
nous dit que tout devait commencer sur les
quatre heures du matin.... Il ajouta qu'il allait se
déguiser en paysan pour aller se concerter de
nouveau avec les commissaires et le général qui
était entré le soir sur les six heures, etc. »

Il se déguisa en effet en paysan ; la femme
Ouvrard qui gardait, le 17 au soir, la boutique
de la femme Colignon, le voyant dans cet accou-
trément, lui demanda en plaisantant si c'était
pour aller voir une femme ; il répondit : « J'ai
quelque chose de plus sérieux qui m'occupe. »
Arrêté au moment où il s'évadait, vous avez vu,
d'après la déclaration de Goupillon et la déposition de Gervais Lucas, par quels stratagêmes
plusieurs de ses complices parvinrent à le sous-
traire de la salle de police. Il y revint au bout
d'une heure, et il veut qu'on lui compte ce retour à sa prison comme une preuve de son innocence, attendu, dit-il, que s'il avait voulu cons-

pirer, il ne serait pas revenu se mettre sous la clef. Mais ne devait-il pas retrouver ses complices? ne fallait-il pas qu'il communiquât avec eux, et s'il n'était pas revenu après avoir décidé avec les commissaires que le mouvement serait différé de deux ou trois jours, comme il le dit lui-même à Goupillon, n'eût-il pas couru le risque de briser le fil de la conspiration.

Pommier, qui présente ainsi les indices de son crime comme des moyens de justification, vous a aussi rappelé qu'il avait fait punir le soldat Antoine pour un propos séditieux d'une nature fort extraordinaire. Croit-il donc que vous oublierez qu'il résulte de la déposition du fourrier Lucas, que ce dernier voulant punir Antoine, Pommier lui dit : *il faut laisser cela* ; et que Lucas ayant dénoncé le fait à l'officier Dumesnil, Pommier fut forcé d'en parler lui-même à cet officier, qui vous a dit qu'en effet Lucas lui en avait parlé le premier.

A toutes les charges qui pèsent sur Pommier, est-il besoin de joindre la déclaration de Hue qui, dans son interrogatoire du 21 mars, s'exprime ainsi : *Pommier me dit que, sous quinze jours, le général Berton devait commander la ville de La Rochelle, et qu'ils auraient de l'avancement.* Aux termes de ses premiers aveux, Pommier a déclaré qu'il avait reçu à Paris un poignard des mains de Bories, sachant qu'il était

destiné à frapper ceux qui violeraient les secrets
de la secte.

On a vu que Bories avait en quelque sorte constitué Pommier le dépositaire des poignards et un
des distributeurs. Il avait la partie des poignards;
il convient d'ajouter qu'il avait un goût tellement prononcé pour cette arme des conspirateurs, qu'il la portait habituellement sur lui,
puisqu'il avait fabriqué sous sa capote une gaîne
pour la recevoir. Cette capote eût figuré parmi
les pièces à conviction, si Pommier ne l'eût point
réclamée, en l'échangeant contre la reconnaissance formelle qu'il faisait qu'en effet il avait
pratiqué une poche en forme de gaîne pour y
placer son poignard. Le lieutenant Leloup dépose avoir vu cette gaîne adaptée à la capote. Le
procès-verbal dressé à La Rochelle, et les dépositions des témoins Lucas, Frenel, Dubar et
Roussel, constatent qu'il fut trouvé dans la
paillasse de son lit deux poignards emmanchés et
onze lames que Bories avait chargé Goubin de
lui remettre, ainsi que ce dernier le déclare, et
que Pommier en convient. Il avait dans son porte-
manteau trente-sept cartouches à balles et un cor-
net de poudre. Il prétend que ces cartouches lui
provenaient de précédentes distributions faites à
la troupe. Mais il a été établi que ces cartouches,
faute d'usage, avaient été rétablies au dépôt à La
Rochelle. Il ajoute qu'il les tient du garde-magasin

Lenain; mais le lieutenant Leloup a déposé que Lenain ne l'aurait pu faire sans sa permission ; et le témoin Frenel vous a dit que Lenain s'était plaint de ce qu'il lui manquait des paquets de cartouches. Le sergent-major Pommier les avait évidemment dérobées pour satisfaire aux réglemens des *Carbonari*.

Les gendarmes qui le conduisirent de brigade en brigade de La Rochelle à Paris, recueillirent, durant la route, les propos désordonnés de cet accusé. Il dit aux gendarmes Haquin, Poignant, Belot, Saint-Paul, Sauvage, Paultrot, Pivit, Nalot, Pouthiers, Vivier et Noyon, qui tous ont déposé devant vous de ces faits, que déjà il s'était trouvé dans plusieurs conspirations, notamment en 1816 et 1817; qu'à cette époque il était sergent dans la garde royale; que le but de ces conspirations découvertes par les révélations d'un sergent-major, était de s'introduire au jour indiqué dans le bois de Boulogne par plusieurs pelotons, et de se réunir au signal convenu pour faire main-basse sur la famille. Que maintenant il ne s'agissait plus d'attenter aux jours des Bourbons, mais seulement de changer leur gouvernement et de proclamer la république ou Napoléon II; qu'ils devaient être secondés par des armées Belges et espagnoles; que les villes de l'Ouest devaient fournir plusieurs millions ; que cette conspiration était

immense, qu'elle comptait les plus grands personnages, et une foule innombrable de *Carbonari*; que si elle échouait sur quelques points,
ces défaites partielles ne devaient pas faire perdre
courage; il répéta ce qu'avait dit l'accusé Goubin,
que les branches étaient coupées, mais que les
racines pousseraient des rejetons avec plus de vigueur. Il ajouta que quelques jours avant son
arrestation, il avait vu le général Berton à La
Rochelle, déguisé en charbonnier, et conduisant
devant lui des mulets; qu'il avait soupé avec ce
général et cinq autres individus; que lui Pommier devait avoir la croix de la Légion-d'Honneur, une gratification de 600 fr. et un brevet
de capitaine ; que le général Berton était porteur de ce brevet, et le lui fit voir signé du ministre de la guerre du gouvernement provisoire,
qui déjà était tout organisé, et qui avait tous ses
ministres et ses généraux.

On cherchera à réfuter les dépositions des
gendarmes, on leur opposera l'incrédulité : comment croire, dira-t-on, que Pommier ait pu se
laisser aller à une telle incontinence de propos
téméraires devant des agens de la force publique?
comment pouvait-il ignorer que ses confidences
seraient bientôt l'objet d'un rapport à la justice,
et qu'elles aggraveraient l'accusation portée contre lui ? Ces objections sont réfutées par la per-
suasion où étaient Goubin et Pommier, qu'il

n'y avait pour eux aucun espoir de salut. Nous
savons, disaient-ils aux gendarmes, qu'on nous
mène à Paris, pour être fusillés. Leur langage
était donc sans imprudence, puisqu'il était sans
espoir. N'avaient-ils pas fait à La Rochelle tous
les aveux qui constituaient un crime capital ?
Dès-lors que risquaient-ils dans un surcroît de
sincérité. Que, depuis, leurs défenseurs les aient
rassurés au point de les engager à revenir sur
ce qu'ils ont si positivement articulé, on le conçoit ; mais ce qu'ils ont dit n'en a pas moins été
dit. Non pas, Messieurs, que nous prétendions
accueillir, comme l'expression de la vérité, tout
ce que la jactance de deux conspirateurs a pu
leur suggérer sur le personnel et les moyens
d'une conspiration qu'ils faisaient croire plus
formidable peut-être qu'elle n'était, pour enno-
blir la part qu'ils y avaient, et qui, dans le
même dessein, y mêlaient sans doute à tort les
noms et les dignités de certains personnages ;
mais tout en écartant ces fanfaronnades solda-
tesques, il reste toujours un fond de vérité. C'est
que Pommier était un conspirateur déterminé.
Il prétendait si peu, ainsi que Goubin, s'amu-
ser aux dépens des gendarmes, qu'ils leur ont
répété précisément ce qu'ils avaient dit à La Rochelle, et tous les détails véridiques de la conspiration. En effet, ne leur ont-ils pas avoué que
les *Carbonari* étaient vingt dans chaque réunion ;

20

lesquels vingt communiquaient avec vingt autres
par un membre qu'on appelait député ? N'ont-ils
pas dit que tous auraient réussi, sans la révélation d'un sergent de leur régiment ; qu'un sergent-major, transféré à Nantes, en savait plus
qu'eux, et était leur chef dans le 45ᵉ. Voilà
des faits avérés au procès, et prouvés même
avant que Pommier et Goubin les eussent répé-
tés aux gendarmes.

Raoulx, dressé à l'école de Bories, de Goubin et de Pommier, fut bientôt un de leurs plus
chers confidens. Dans ses premiers interrogatoires, il affirma avec beaucoup d'arrogance, et
sous les plus affreux sermens, n'avoir jamais fait
partie de la société des *Carbonari* et des conspirations qui s'y tramaient. Apprenant ensuite
que plusieurs de ses complices avaient fait des
aveux, il laissa échapper dans ses interrogatoires subséquens, une partie de la vérité. Il convint avoir fait serment sur un sabre, lors de
son admission dans la secte de la charbonnerie,
dont il fut un apôtre fervent. Perreton déclare
avoir été séduit par lui ; Bicheron l'accuse de
l'avoir corrompu. Ce dernier l'a vu avec Pommier et Goubin aiguiser des poignards. Pommier
déclare lui en avoir remis un. Il était chargé
par ce dernier d'en distribuer quelques-uns ; il
en fit voir trois non emmanchés à l'accusé Thomas, qui l'a déclaré ; il en montra un à Co-

chet , qui l'a déclaré également. Il résulte de la
déclaration de Goupillon , le 21 mars, que
Raoulx porta un poignard à Goubin alors détenu , et il résulte d'un procès-verbal et de la
déposition des témoins Lucas, Frenel et Dubar ,
qu'il fut trouvé un poignard emmanché dans la
paillasse de son lit , et dix cartouches à poudre
fine.

Il assiste à la réunion qui eut lieu chez Gaucherot, à l'enseigne du Roi-Clovis, où il avoue
avoir entendu un bourgeois lire un discours
écrit. Il avoue également, et ce sont ses propres
expressions, qu'en arrivant à Orléans, Bories
réunit dix-sept à dix-huit *Carbonari* à l'auberge
de la Feur-de-lys; on nomma au scrutin des cen-
seurs, dit-il, comme cela se pratiquait ordinairement ; puis Bories nous dit que nous n'irions
peut-être pas jusqu'à La Rochelle avant de commencer l'exécution à main armée, et qu'il attendait des ordres qu'il nous communiquerait.

La présence de Raoulx au repas d'Orléans
n'est pas seulement confirmée par ses aveux,
elle l'est encore par Barlet et quelques autres
accusés.

En passant à Niort, Raoulx fraternisa avec les
carbonari de cette ville, ainsi qu'il résulte de
ses aveux et des révélations de Pommier et de
Goubin. Il a avoué à cette audience même que
les carbonari de Niort, après l'avoir reconnu,

lui donnèrent à lire une chanson séditieuse; la
société dont il faisait partie était donc, non pas
comme il l'a prétendu, en contradiction avec ses
premiers aveux, une simple société philanthropique; puis qu'on lui remit, après les signes de
reconnaissance, un écrit infâme contre le Roi,
à lui soldat du Roi: ce qui démontre qu'une
pareille ouverture n'aurait pu lui être faite par
un individu qu'il voyait pour la première fois, si
les opinions de l'un et de l'autre n'eussent point
été trouvées identiques par la certitude de leur
affiliation à la charbonnerie.

Le témoin Boisset a déposé qu'ayant résisté
aux propositions de Bories, qui, à Paris, l'engageait d'entrer dans la société des amis de la
liberté, Raoulx lui en fit des reproches à La Rochelle, et lui dit que, s'il acceptait, on lui donnerait 5 à 600 fr., pour faire boire les soldats;
il lui demanda en outre s'il avait la force de
commander un poste.

Raoulx tente également de corrompre le caporal Laumeau; ce témoin a déposé que le 16
mars Raoulx se plaignit à lui de ce qu'on les
menait comme des esclaves; il ajouta : cela ne
durera pas toujours; il faut que vous soyez bien
bête pour n'avoir pas accepté ce qu'on vous.....
Ici Raoulx s'arrêta craignant de se compromettre.

Raoulx pressait également l'accusé Hue, qui
l'a déclaré le 21 mars, de revenir aux réunions

dont il se tenait éloigné ; il lui dit que tout allait
bien ; un autre jour il lui dit que sans l'arrestation de Pommier, l'affaire eût eu lieu dans la
nuit. Il dit à Asnès que Berton viendrait dans les
premiers jours de mars à La Rochelle.

Perreton affirme également que Raoulx lui dit
à La Rochelle que les affaires allaient fort bien.
Raoulx qui avait assisté, comme on l'a dit, aux
réunions du Roi-Clovis à Paris, de la Fleur-
de-Lis à Orléans, assista aussi à celle du Lion-
d'Or au village de Lafond, puis à celles de la
Boule-d'Or et du Soleil-d'Or à La Rochelle ; dans
toutes ces réunions il prit une part active à l'entretien qui avait pour objet de se concerter sur
l'exécution du complot. Les déclarations de Bicheron et de Goupillon sont conformes sur ce
point. Ils ont également établi, par la déposition de la cantinière Colignon, que, se trouvant à déjeuner chez elle avec Demait, le lendemain de l'arrestation de Pommier, Raoulx dit
que s'il eût été à la place de ce dernier, il aurait poignardé l'adjudant Marteau. La femme
Colignon lui ayant demandé où il aurait trouvé
un poignard, il répondit qu'il n'aurait pas été
embarrassé. Le même propos a été entendu par
Colignon.

Pommier étant arrêté, envoya Raoulx dire à
ses complices réunis au Soleil-d'Or, que l'affaire
serait sans doute remise à cause de son arresta-

tion. Il l'envoya également prévenir les émissaires de Paris, qui refusèrent de l'entendre, parce que Pommier avait oublié de lui donner les cartes de reconnaissance. Ce fait est attesté par Goupillon, dans sa déclaration du 21 mars.

Il se joignit à Goupillon et Asnès, pour séduire le sergent de garde à la salle de police, afin que Pommier pût s'évader et aller conférer avec les envoyés revenus de Paris. Les débats ont jeté de la lumière sur tous ces faits. Aujourd'hui il affirme qu'on n'a pas concerté de complot à cette réunion, et cependant il a trahi le mensonge après avoir trahi la vérité; car il a laissé échapper devant vous qu'à la réunion du 10 mars, au village de Lafond, Goupillon proposa de s'emparer des officiers, et de mettre le feu aux casernes, et qu'il avait même à l'avance écrit cette opinion sur son carnet. Goupillon savait donc qu'il devait se rendre dans un conciliabule de conjurés, puisqu'il rédigeait un pareil avis? Il savait donc qu'il était au milieu des conspirateurs convoqués pour délibérer sur le moment de l'action, puisqu'il exprima hautement cet avis? Raoulx, qui se trouvait là, y conspirait donc comme les autres.

L'accusé Goupillon a sans cesse offert, avant et après les débats, le spectacle étrange d'un homme qui passe alternativement des effusions du repentir aux dénégations les plus opiniâtres, des larmes aux déclamations, et de l'accent pathétique d'un cœur vraiment pénétré à toutes les diatribes de l'esprit de parti. L'énigme de cette conduite est trop facile à deviner. Goupillon, laissé à lui-même, est susceptible de revenir au bien et à la vérité ; il éprouve aisément des remords, il les manifeste par une abondance de pleurs ; il cherche le sein d'un ami ou d'un protecteur pour y verser les secrets douloureux qui déchirent sa conscience ; puis tout-à-coup la crainte d'être frappé par le poignard de ses complices, vient glacer ses heureuses dispositions. C'est ainsi qu'on le vit le 18 mars triste, rêveur, oppressé, et allant tour-à-tour vers son ami Choulet, vers le lieutenant Leloup, vers le lieutenant Lambert, pleurant vers chacun d'eux, laissant échapper quelques paroles tragiques, puis cédant au cri de sa conscience et faisant l'aveu de sa faute. C'est ainsi qu'on le vit le lendemain se rendre près du colonel, et devant ce chef garder d'abord le silence, puis le rompre par des sanglots, puis s'obstiner encore à se taire, malgré les symptômes de trouble qui éclataient dans ses yeux et sur son front consterné ; puis enfin révélant tout le complot, d'abord verbalement, et ensuite dans la note rapidement improvisée dont nous vous avons donné lecture, et ensuite dans un grand nombre de révélations successives, tant à la Rochelle qu'à Paris. Mais sans cesse le spectre de la charbonnerie semble l'arrê-

ter et le glacer d'épouvante sur le chemin du repentir. Il exprime ses terreurs; il dit partout qu'il
sera assassiné, il découche, il rompt ses habitudes, il change le numéro de sa compagnie, il
voudrait quitter le régiment, il parle d'un écrit
anonyme où il est menacé de la mort.

Un individu si versatile dans ses émotions, si
chancelant et si faible dans ses résolutions, a dû
se laisser aisément intimider par ses complices; il
a dû, en leur présence, sentir renouveler toutes les
angoisses de la terreur qui l'avaient tant de fois
assailli lorsqu'il hésitait à faire sa déclaration.
Vous ne serez donc pas étonnés de l'avoir vu à cette
audience adopter aveuglément le système de dénégation où se renferment les accusés. Mais bientôt il est revenu devant vous à ses larmes, à son
repentir, et dès le second jour des débats il a reconnu que ses déclarations contenaient la vérité,
et il n'y a mis d'autre restriction que quant à la
date du jour où le complot devait éclater. Mais
dans l'intervalle des audiences Goupillon a été
reconforté pour le mensonge; les menaces ou les
mauvais raisonnemens de ses complices l'ont ra-
mené à des dénégations qui ensuite se sont dissi-
pées par degrés à l'audience du lendemain; toute
sa défense n'a été qu'une alternative de mensonges et d'aveux. Quoi qu'il en soit, il résulte
des débats que, le 18, Goupillon avait confié ses
larmes, son repentir et son secret à Choulet, son

meilleur ami, qu'il lui avait révélé le complot dans
ses détails ; qu'il lui avait dit qu'il s'agissait de
délivrer, comme renfort, les galériens de Bellecroix ; qu'on devait arborer le drapeau tricolore et
s'emparer de la ville, où trois cents habitans n'attendaient que le signal et la présence du général
Berton, qui était près de La Rochelle ; qu'à l'appui de ce discours il lui montra un poignard qu'il
tenait caché dans sa bottine. Il résulte également
des débats, que le même jour, 18, Goupillon
rencontra l'officier Lambert, et lui dit avec un
air effaré qu'il se passait des choses extraordinaires, qu'il se préparait un événement qui le
faisait frémir d'horreur ; que le lendemain il ré-
véla tout à son colonel ; qu'ensuite il rédigea volontairement par écrit ses révélations, d'abord
dans une note qu'il remit sur-le-champ à ce colonel, puis dans une déclaration également écrite et
signée de sa main, puis dans ses interrogatoires
devant le capitaine de la gendarmerie, M. Brunet
de Lacharie, puis dans ses interrogatoires à
Paris, puis à l'audience, où il a plusieurs fois reconnu la vérité de ses aveux, n'ayant allégué en
définitif, pour preuve de séduction, rien autre
chose, sinon que le sieur Leloup l'avait engagé à
dire qu'il avait été égaré par la lecture des discours de deux personnes qu'on lui a nommées,
allégation démentie par les officiers Leloup et
Lambert.

21

Au surplus, Messieurs les Jurés, la part active que Goupillon a prise au complot est démontrée, abstraction faite de ses aveux. Le 10 mars, se trouvant au Lion d'Or dans le village de Lafond, il opina avec les conjurés sur ce que l'on ferait des officiers. Dariot-Seq, Asnès, Raoulx et Goubin, ont déclaré à l'audience que Goupillon avait proposé d'égorger le colonel et les deux chefs de bataillon, et de mettre le feu aux casernes. Pommier, dans sa conversation avec le gendarme Noyon, lui dit, en lui exposant tous les détails de la conspiration, que Goupillon seul avait voté pour la mort des trois premiers officiers du régiment, et que les autres avaient opiné pour leur détention. Pommier a déclaré dans les débats que Goupillon étant venu lui parler à la fenêtre de la salle de police, lui dit : *Il faut attaquer cette nuit, ou nous sommes perdus.* Enfin, il fit voir à Choulet le poignard dont il était armé, et qu'il remit au colonel en présence de deux autres officiers.

Asnès a été reçu *Carbonaro*. Pommier, Hue, Cochet, Goupillon, le déclarent, ainsi que lui-même, dans leurs précédens interrogatoires. Selon la déposition de Lucas, il était sans cesse avec Pommier, Goubin et autres conjurés, parlant à voix basse, et se taisant lorsque Lucas approchait.

Il assista au repas d'Orléans et à la réunion du Lion-d'Or au village de Lafond, où le complot

fut déroulé. Il assista aussi à la réception de Goupillon et Lefèvre, où ce complot fut encore expli-
qué dans toutes ses circonstances. Il assista au
dîner du 17 mars chez Yvert, au Soleil-d'Or, où
l'heure du complot fut fixée. Il a reconnu lui-
même ces faits dans ses interrogatoires des 24 mars
et 31 mai. Ce fut lui qui, de concert avec Bicheron, déroba les clefs au caporal de la salle de police, pour faire évader Pommier. Cela résulte de
la déclaration de Goupillon, le 21 mars, et de la
déposition de Lucas à cette audience.

Une foule d'autres documens s'élèvent encore
des débats contre Asnès. Le sergent Genty dépose
qu'il eut occasion de faire des reproches à Asnès
de ce qu'il chantait des chansons séditieuses. Le
soldat Hersent dépose qu'Asnès lui dit plusieurs
fois de se tenir prêt; que d'ici à quelque temps il
y aurait du nouveau, et que lui, Hersent, ne
serait sans doute pas un des derniers à descendre.
Hersent dépose en outre qu'Asnès n'aimait pas
le gouvernement du Roi, et que dans ses propos
il lui donnait à entendre qu'il voudrait que les
choses changeassent, et que bientôt il y aurait
du nouveau. Lorsqu'on envoya des compagnies
de voltigeurs à la poursuite des insurgés de
Thouars, Asnès dit au tambour Poitrimole, qui
en a déposé devant vous, que ces voltigeurs n'é-
taient pas sûrs de revenir, parce que le régiment
de Nantes avait brûlé son drapeau et se trouvait

en pleine révolte, ainsi que l'école de Saumur;
qu'il se préparait de grands événemens; qu'il faudrait battre la générale. Il demanda ensuite à ce
témoin ce qu'il ferait s'il arrivait du changement;
il tint le même propos au tambour Fremand, que
vous avez également entendu. C'est ce témoin
important qui dépose que le 17 mars, Asnès vint
le demander à la cantine en l'engageant à ne pas
boire, parce que cette nuit il devait battre la générale; et Fremand lui ayant demandé pourquoi
battre la générale, il lui dit de ne point parler si
fort, que cette nuit devait se faire le grand coup.
Quelques jours avant, Asnès avait dit à Fremand
que le général Berton avait passé à La Rochelle
avec deux millions; qu'il attaquerait du côté de
la place, et que les galériens de Bellecroix seraient
délivrés; il ajouta que plus de quatre cents bourgeois faisaient partie de l'association, et que Fremand ne serait pas toujours tambour.

Les témoins Roussel, Devilliers et de Brécourt,
ont déposé qu'il avait été trouvé dans la paillasse
du lit d'Asnès un poignard enveloppé d'un mouchoir noir. Le procès-verbal dressé le 21 mars à
La Rochelle constate ce fait.

Bicheron est le dernier des accusés de la première classe.

Il nia d'abord tous les faits qui lui sont
imputés. La franchise de quelques-uns de ses
camarades l'amena à des aveux que dans son

interrogatoire du 9 juin il fit sans réticence; et qu'il ne pouvait dérober à la justice, puisque toutes les charges qui pèsent sur lui étaient appuyées par les déclarations de ses co-accusés. Goubin, Pommier, Asnès et Goupillon, attestent qu'il est *Carbonaro* : lui-même l'a confessé en ces termes : « J'ai été reçu à Paris le 12 janvier, » dans la chambre de Pommier, en présence » de Goubin et Raoulx; ils me donnèrent les » attouchemens et le mot d'ordre des *Carbonari*; » mais Bories qui était le chef, n'étant pas pré- » sent, on ajourna ma réception définitive jusqu'à » Orléans. Elle eut lieu dans cette ville au ban- » quet de l'auberge de la Fleur-de-Lys, où Bo- » ries nous dit qu'il espérait que nous n'irions » pas à La Rochelle avant d'agir, et qu'il atten- » dait des nouvelles à chaque instant. J'assistai » le 10 mars à la réunion du Lion-d'Or, où l'on » s'entretint du complot et où l'on délibéra sur » ce qu'il fallait faire des officiers. On con- » vint que les *Carbonari* se feraient reconnaître » à la cocarde tricolore qu'ils auraient à leurs » schakos.

» Je n'ai jamais reçu d'argent, mais j'ai su » qu'avant de quitter Paris plusieurs sous-offi- » ciers en avaient reçu, et que notamment Gou- » bin en avait mis en dépôt chez une cantinière » du régiment. »

Ainsi s'exprime Bicheron, et ses aveux sont confirmés par plusieurs déclarations. Il est également prouvé qu'il a porté à Massias une lettre de Goubin, sachant qu'elle était relative au complot. C'est lui qui, de concert avec Asnès, a soustrait les clefs de la salle de police pour procurer l'évasion de Pommier. Il avait un poignard en sa possession, et il le reconnaît lui-même.

Nous venons d'examiner le degré de culpabilité qui pesait sur chacun des accusés compris dans la première classe, et à l'égard desquels vous seront posées les questions suivantes résultant de l'acte d'accusation. « Sont-ils coupables d'avoir pris part à un complot dont le but était : soit de détruire ou de changer le gouvernement ou l'ordre de successibilité au trône ; soit d'exciter les citoyens ou habitans à s'armer contre l'autorité royale ; soit d'exciter la guerre civile, en armant ou en portant les citoyens ou habitans à s'armer les uns contre les autres ? »

Notre discussion a pu déjà vous convaincre de la rigoureuse exactitude avec laquelle ces questions s'adaptaient aux faits du procès actuel. Elle nous offriront, au surplus, l'occasion de vous développer plusieurs vérités consacrées par la loi, et qui répandront d'infaillibles clartés sur vos délibérations.

Ce serait une déplorable erreur de penser qu'en

matière de conspiration, il n'y a pas culpabilité, là où il n'y a pas eu attentat, c'est-à-dire commencement d'exécution.

Dans les crimes ordinaires, la loi n'assimile la tentative du crime, au crime lui-même, que si elle a été manifestée par des actes extérieurs, suivis d'un commencement d'exécution, et si elle n'a été suspendue ou n'a manqué son effet que par des circonstances fortuites ou indépendantes de la volonté de son auteur.

Mais ces conditions ne sont point nécessaires quand il s'agit de complot, et il n'est pas besoin pour que ce complot soit un crime et pour qu'il soit punissable, qu'il y ait tentative manifestée par des actes extérieurs et arrêtée par un événement étranger à la volonté.

« Il y a complot, dit l'article 89, dès que la » résolution d'agir est concertée et arrêtée entre » deux conspirateurs, ou un plus grand nombre, » quoiqu'il n'y ait pas eu d'attentat. Il y a at-» tentat, dit l'article 88, dès qu'un acte est » commis ou commencé pour parvenir à l'exé-» cution de ces crimes, quoiqu'ils n'aient pas » été consommés. »

L'article 87 punit également le complot ou l'attentat, il résulte donc du texte précis de la loi qu'il suffit qu'il y ait eu complot, sans attentat, c'est-à-dire sans commencement d'exécution ; en d'autres termes il suffit, comme le dit la loi, d'une

résolution concertée et arrêtée entre deux personnes, pour qu'il y ait crime et application du
châtiment. Et telle a été si bien l'intime pensée
du législateur, qu'il l'exprime encore surabondamment dans l'article 60 du Code pénal, où
parlant des peines infligées aux conspirateurs,
il ajoute : *même dans le cas où le crime qui
était l'objet des conspirateurs ou des provocateurs, n'aurait pas été commis.* Enfin l'article
108, qui promet aux révélateurs l'exemption de
la peine quand il s'agit de complots, ajoute: pourvu *que ce soit avant toute exécution ou tentative de ces complots.* Il y a donc complot sans
exécution et même sans tentative.

En statuant avec cette mâle sévérité, le législateur s'est élevé à de hautes considérations, et
d'abord il a pensé qu'il y a une partie du mal
opéré, même par le simple projet de conspirer.
En effet : toute résolution de conspirer suppose
un embauchage moral et un travail de perversité dont une nation peut porter long-temps les
marques. L'édifice social n'est point renversé,
mais le terrain est miné et résistera moins bien à
la secousse prochaine; le sang n'a point coulé,
mais qui nous dira dans combien de cœurs on a
répandu le venin, et quels peu d'efforts il faudrait encore pour achever de ruiner une foi
chancelante et une fidélité ébranlée?

Il y a plus; un gouvernement ne peut trouver

sa sûreté que dans la punition des résolutions de
complot; car il serait sans capacité pour réprimer
la consommation du complot dont le succès aurait, pour premier effet, de substituer un nouvel
ordre de choses, sous lequel, ce qui la veille était
criminel, ne manquerait pas le lendemain de défenseurs et d'apologistes. Où est la possibilité d'atteindre des criminels qui trouvent, dans l'exécution même de leur crime, sauve-garde et protection? Quand un complot a réussi, ce n'est plus
au conspirateur à trembler, c'est à l'autorité légitime. Nos récentes annales en offrent de tristes
exemples. Pour n'avoir pas puni les simples résolutions d'agir, on fut plus d'une fois réduit, de nos
jours, à subir l'ignominie d'une puissance usur-
pée, et à se taire devant des forfaits ratifiés.
L'inaction des lois au 13 juillet, fit éclore la
journée du 14; et pour n'avoir pas arrêté les
projets du 10 août, cette autre journée fut offerte
comme une journée glorieuse et nationale, tandis qu'elle n'était que le triomphe d'une troupe
de révoltés mercenaires poussés par des hommes
dont l'audace et les principes sont devenus l'hé-
ritage des conspirateurs d'aujourd'hui. Disons-le
donc: le législateur doit, surtout, frapper le projet d'un complot, parce que le crime, s'il était
consommé, échapperait à la vindicte publique,
et se ferait absoudre et couronner par une aveugle fortune. Mais s'il eût été illusoire de ne

22

déclarer punissable que la consommation du complot, c'est-à-dire le succès du crime, il eût été
imprévoyant de ne qualifier de crime que le
complot accompagné d'attentat ; car entre le complot, c'est-à-dire, la résolution d'agir et l'attentat,
c'est-à-dire l'acte commis pour parvenir à l'exécution du crime, il y a un immense intervalle
dont la malveillance aurait pu prendre possession
pour le couvrir de provocations contagieuses, de
projets séditieux, de machinations infernales.
Elle eût pu à loisir y concerter son plan d'attaque, y rassembler les élémens combustibles,
et le tout sans craindre la loi, attendu qu'on n'aurait pas encore apporté la flamme qui doit causer
l'embrasement, et qui seule peut être considérée
comme le commencement d'exécution.

Les intérêts de la patrie sont donc trop grave-
ment compromis, lorsqu'il s'agit de complot, pour
que la loi puisse se fier à ses règles communes ;
elle a dû en proclamer de spéciales, capables
d'intimider les conjurés, et voilà pourquoi elle
punit également ou le complot, ou l'attentat résultant de complot.

Dans la cause que nous discutons, y a-t-il eu
complot, c'est-à-dire résolution concertée et arrêtée entre deux ou plusieurs conspirateurs ?

Oui, puisque les accusés sont *Carbonari*, que
chacun d'eux a été reçu par plusieurs, et que
lors de leur réception ils ont appris, sous le ser-

ment, qu'il s'agissait de conquérir la liberté à main armée, de se procurer à cet effet des armes, et d'obéir aveuglément aux ordres supérieurs.

Oui, puisque soit dans la Vente centrale, présidée par Baradère, soit dans la Vente militaire, présidée par Bories, on était convenu que quelle que fût la divergence des opinions à l'égard du gouvernement futur, il fallait d'abord commencer par détruire le gouvernement actuel.

Oui, puisque tous les *Carbonari* de la Vente militaire se trouvèrent au cabaret de Gaucherot à l'enseigne du *Roi-Clovis*, où Hénon les harangua et leur proposa l'exemple des armées espagnoles, en leur promettant des grades au nom de la Vente suprême.

Oui, puisque Bories, ayant assemblé ses complices au nombre de 18 à l'auberge de la Fleur-de-Lys à Orléans, les entretint du complot et leur dit : « que l'exécution aurait lieu probablement à Ste.-Maure, d'où l'on irait joindre les révoltés à Saumur. »

Oui, puisque les conjurés se réunirent, le 10 mars, dans une auberge du village de Lafond, et qu'après s'être concertés sur le complot, ils délibérèrent ensemble sur ce qu'on ferait des officiers du 45e., et décidèrent qu'on les renfermerait dans la tour, et qu'ensuite on déploirait le drapeau tricolore.

Oui, puisque le 16 du même mois une autre

réunion eut lieu entre les conjurés dans une auberge de La Rochelle, ayant pour enseigne, la Boule-d'Or, où il fut arrêté que d'après le plan adopté par les émissaires de Paris, avec lesquels on venait de se concerter, il fallait qu'au moment où l'on battrait la générale, les *Carbonari* s'emparassent des avenues du quartier, tandis que le général des insurgés s'y porterait avec une partie de la garde nationale.

Sans parler de cent autres faits aussi concluans, il résulte de ceux qu'on vient d'exposer qu'il y a eu complot puisqu'il y a eu résolution d'agir, concertée et arrêtée entre plusieurs conspirateurs.

Les mêmes faits ne prouvent pas avec moins de force qu'il s'agissait ou de changer le gouvernement, ou l'ordre de successibilité au trône, ou d'exciter les citoyens à s'armer contre l'autorité royale, ou d'exciter la guerre civile en armant ou en portant les citoyens à s'armer les uns contre les autres. Il suffit d'un de ces projets pour qu'il y ait complot, et cependant tous ces projets étaient réunis, ou plutôt le complot dont il s'agit devait avoir pour conséquence les crimes qu'on vient d'énumérer.

Ceux que l'acte d'accusation a rangés dans la première classe, sont donc coupables d'avoir pris part au complot précédemment qualifié. Cependant leur culpabilité n'est pas également

évidente, et l'impartialité que nous devons pro-
fesser dans l'exercice de notre ministère, nous
presse de vous soumettre quelques observations.
Nous avons vu combien de fortes présomptions
signalaient le capitaine Massias parmi les conjurés. Mais il faut le dire: des présomptions,
toutes fortes qu'elles soient en effet, pourront-
elles suppléer aux preuves dans une accusation
capitale? C'est à vous qu'il appartiendra de répondre à cette question, et il nous suffit de
vous l'avoir adressée pour libérer notre conscience de toute responsabilité sur ce point.

Sans faire une concession aussi positive, à
l'égard des accusés Gauran et Rosé, nous con-
cevrons pourtant, à l'avance, les doutes qui
pourraient s'élever dans vos esprits sur le degré
de la participation de ces deux accusés au complot,

A l'égard de Goupillon, il a le droit d'invo-
quer le bénéfice de l'article 108 du code pénal,
qui prononce une exemption de peine contre ceux
des coupables qui, avant toute exécution ou tentative de complots, et avant toute poursuite com-
mencée, auront les premiers révélé à l'autorité
leurs auteurs ou leurs complices. Goupillon,
bien qu'il se soit montré par ses dénégations postérieures peu digne du bienfait de la loi, a cependant fait en temps utile des révélations devant l'autorité compétente, et nous invitons la

cour à vous poser, à son égard, une question
subsidiaire sur le fait de savoir si Goupillon est
réellement dans le cas prévu par l'article 108.
Son défenseur vous établira sans doute le fait;
quant à nous, Messieurs, nous nous bornerons
à une seule observation sur ce point. L'article
108, en parlant des révélations qu'elle amnistie,
se sert de cette expression: *ceux des coupables;*
vous n'aurez donc à statuer sur la question subsidiaire que dans le cas où vous auriez résolu
affirmativement la question principale, c'est-à-
dire, dans le cas où vous auriez prononcé la
culpabilité de Goupillon; car si vous ne recon-
naissez pas cette culpabilité, il ne peut y avoir
lieu à délibérer sur le fait qui pourrait motiver
l'exemption de peine.

Abordons maintenant, Messieurs, les rangs
des prévenus : là, sont ceux qui n'ont pas fait la
déclaration du complot dont ils ont eu connaissance, et qui n'ont pas révélé au gouvernement
ou aux autorités administratives ou de police
judiciaire, les circonstances qui en sont venues
à leur connaissance.

Le délit de non-révélation est, nous le savons,
un de ceux qu'une fausse philanthropie affecte de
prendre sous sa protection; et depuis quelque
temps on s'efforce de faire considérer les révélations comme de lâches complaisances envers le
pouvoir, comme les faiblesses d'une âme timo-

rée. A la vérité, la plupart de ceux qui tentent d'accréditer ce dangereux paradoxe, ont leurs raisons pour en agir ainsi; de même qu'ils demandent l'abolition de la peine de mort dans les délits politiques, afin que l'on puisse conspirer plus commodément, de même aussi ils veulent proscrire les révélations, pour que les complots soient plus rarement découverts. On objecte que de pareilles opinions ont pu être professées par des citoyens estimables et amis de leur pays. Eh bien! s'ils aiment leur pays, par quelle étrange contradiction repoussent-ils de leur dédaigneux préjugés ceux qui peuvent le sauver d'un péril éminent et certain, en divulgant des machinations criminelles? Comment peuvent-ils mettre dans la balance le salut de l'État avec leur compassion irréfléchie pour l'être odieux dont l'ambition a besoin des désastres publics et des guerres civiles! On regarderait comme un complice celui qui laisserait brûler la mèche dont la flamme va bientôt allumer l'incendie, et l'on voudrait protéger celui qui laisse ourdir un complot dont le but est de bouleverser le royaume!

Remarquons ici la confusion des notions du bien et du mal, et une sorte de rétrécissement de conscience qui n'admet plus les mâles devoirs, et qui mutile les grandes obligations pour les proportionner à une faiblesse, à une défaillance mo-

rale que l'on ose décorer des noms de modération et d'humanité.

Pour dissimuler encore davantage cette déplorable extinction de l'esprit national, ou plutôt
pour isoler le pouvoir de toute affection et le
mieux livrer aux coups des factieux, les maîtres
des doctrines nouvelles ont prétendu que c'était
à ce pouvoir à se maintenir comme il l'enten-
drait, que l'exécution des lois et la découverte
des complots étaient son affaire et non celles des
citoyens qui payaient pour être gouvernés. Voilà
donc à quoi les nouveaux publicistes ont réduit
l'amour de la patrie! Ils voudraient la donner
à ferme pour n'avoir plus à s'en occuper! Le
pouvoir n'est pas un impôt, une charge publique,
c'est une condition de la vie sociale; c'est une
mise en communauté pour le profit général, de
toutes les volontés et de toutes les forces individuelles; on ne peut donc en retirer ce qu'on y a
mis sans renoncer à toute existence civile. Qu'importe qu'un pouvoir soit institué, s'il est trahi et
délaissé par l'indifférence des citoyens. Qu'importe que les lois soient proclamées, si chacun
peut en amortir l'exécution par des préjugés et
des opinions arbitraires?

La sagesse de tous les peuples a dit : *Que le
salut de l'État soit la loi suprême*; et aujour-
d'hui on querelle le législateur d'avoir fait quelque chose pour le salut de l'État, en infligeant

une peine légère, une simple peine correction-
nelle à ceux qui ne divulgueraient pas les complots dont ils auraient connaissance ; à ceux qui,
coupables d'une réticence funeste, semblent bien
moins arrêtés par un sentiment déplacé d'humanité, qu'ils ne semblent séduits par les complots
que favorisent d'indignes ménagemens.

Nous insistons sur ces principes, parce qu'il
est trop commun, en de pareilles causes, d'entendre les défenseurs traiter l'obligation de révéler, de disposition immorale, digne des conceptions de Tibère. Dans leur zèle irréfléchi, ils assi-
milent les révélateurs obligés à ces vils délateurs
que repoussaient avec mépris les Trajan et les
Titus, et qui, encouragés sous le régime de la
terreur, sont retombés de nos jours dans le mépris,
dont leurs services mêmes ne sauraient jamais les
affranchir. Les délateurs sont ceux qui, sans y
être engagés par la loi, découvrent un fait particulier, plutôt pour satisfaire leur haine ou leur
ambition, que dans l'intérêt de la chose publique :
les révélateurs, au contraire, sont ceux qui di-
vulguent ce qui doit être divulgué au nom de la
loi et de la sûreté générale. Le délateur est celui
qui, sans devoir ni mission, indique le refuge
d'un proscrit ou trahit les épanchemens de l'a-
mitié en dénonçant une opinion. Le révélateur
garde le silence sur tout ce qui ne compromet
point la sûreté de l'état, car il n'est pas obligé à

23

autre chose par une loi, trop humaine et trop morale pour avoir exigé des citoyens une exploration inquisitoriale.

Au surplus, ceux des prévenus auxquels nous reprochons de n'avoir pas révélé le complot qu'ils ont connu dans ses circonstances, doivent d'autant moins se plaindre, que tous, ou du moins la plupart, ont peut-être à s'imputer plus que leur silence; et vous allez juger, en effet, combien les magistrats ont usé de modération à leur égard, en ne les traduisant devant cette cour que pour le délit de non révélation. Nous ajouterons que ces prévenus, qui avaient avoué si librement leurs fautes dans plusieurs interrogatoires, se sont faits les transfuges du repentir pour faire cause commune avec les accusés, et embrasser leur système de dénégation; eux aussi prétendent que leurs aveux sont consignés dans des procès-verbaux, dont lecture ne leur a pas été donnée, et cependant ils avouent avoir entendu lire les interrogatoires qu'ils ont subis en dernier lieu devant M. de Cassini, interrogatoires où ils persistent dans leurs précédens aveux, sauf quelques corrections légères sur des points accessoires ou insignifians; tous ont fait partie de la secte des *Carbonari*, et c'est contre ces militaires une fâcheuse prévention.

L'accusé Castille a été reçu *Carbonaro*. Goupillon, Pommier, Cochet, Asnès et Barlet, dans

leurs interrogatoires des 19, 21, 24 et 25 mars
et 22 avril derniers, ont déclaré que ce fait était
à leur connaissance; Castille lui-même, après
avoir nié dans son interrogatoire du 25 mars
qu'il eût jamais été initié à la société des *Carbonari*, fut confronté avec Cochet et Goupillon,
et n'osant plus persévérer dans ses dénégations
en présence de deux témoins de son initiation, il
avoua qu'en effet il était *Carbonaro*; il avoua
également avoir assisté à la réception de Goupillon et Lefèvre, réception à laquelle furent présens Pommier, Goubin, Raoulx et Asnès; réception dans laquelle on expliqua aux nouveaux
adeptes le but du complot, qui était d'arborer le
drapeau tricolore et de se joindre aux révoltés.
Voilà ce qu'entendit l'accusé Castille; et ces af-
freuses confidences le dégoûtèrent si peu de la société conspiratrice à laquelle il s'était affilié, qu'il
se rendit à la réunion du 10 mars au village de
Lafond, où les conjurés délibérèrent sur le sort
des officiers, que l'un d'eux proposa d'égorger.

Castille qui avoue s'être trouvé à l'un et à l'autre de ces conciliabules, et qui précédemment
s'était aussi trouvé au repas d'Orléans, où Bories
annonça que le mouvement insurrectionnel commencerait avant La Rochelle, ne pouvait donc
ignorer le complot et les circonstances du complot. Il devait d'autant mieux les révéler à l'autorité, qu'en même temps qu'il eût rempli une

obligation légale, il eût du moins compensé la faute qu'il avait commise en frayant avec les conjurés, en paraissant ratifier, par de muettes adhésions, leurs résolutions criminelles.

Les mêmes faits, et par conséquent les mêmes observations, s'appliquent à l'accusé Dariot-Seq. Il a été reçu *Carbonaro* ; il l'a d'abord nié, puis formellement avoué dans son interrogatoire du 8 juin, où il dit notamment : « Dans une réunion qui eut lieu à l'auberge du Lion-d'Or, à Lafond, Goubin dit que le général Berton était attendu d'un jour à l'autre à La Rochelle, et qu'il viendrait nous commander ; que des bourgeois devaient s'emparer du logement des officiers : ils devaient se charger de conduire à la tour le colonel et les deux chefs de bataillon. Un moment auparavant Goupillon avait proposé de les assassiner, et de mettre le feu aux casernes. Cette proposition a été rejetée. Un autre a donné l'avis de les mettre à la tour ; et cet avis l'a emporté. » Depuis Dariot-Seq a modifié ses aveux ; mais qu'il avoue ou qu'il nie, le fait de son admission dans la société des *Carbonari* n'en est pas moins établi par les déclarations formelles de Goupillon, d'Asnès et de Pommier. En sa qualité de *Carbonaro*, il a assisté à la réunion du 10 mars, où l'on a délibéré sur le complot. Ses aveux sur ce point sont consignés dans ses interrogatoires des 25 mars et 8 juin derniers.

Pour conclure de même à l'égard du soldat Lefèvre qui a été reçu *Carbonaro*, ainsi que l'attestent les déclarations de Goupillon et d'Asnès,
il suffit de rappeler que ce fut lors de son admission que l'on entretint les conjurés de toutes les
circonstances du complot. Lui-même avoue une
partie de ce fait : « J'ai été reçu, a-t-il dit dans
» son interrogatoire du 25 mars dernier, le même
» jour que Goupillon par Goubin, qui m'a fait
» prêter serment sur un poignard de ne pas ré-
» véler les secrets de la société; on me dit que le
» but de cette société était de défendre la liberté;
» que nous n'aurions rien à faire; que c'étaient les
» bourgeois-Carbonari qui devaient agir. Le ser-
» gent-major Pommier me dit d'aller à sa cham-
» bre chercher un poignard, je lui répondis que
» je n'en avais pas besoin, puisqu'il n'y avait rien
» à faire. Je me suis trouvé à la réunion du di-
» manche 10 mars au village de Lafond, où l'on
» dit que le général Berton allait arriver à La
» Rochelle. »

Lefèvre ajoute qu'il était tourmenté de la position où il se trouvait, et qu'il était dans l'intention d'en prévenir son capitaine; mais ce repentir est tellement simulé de sa part, et il avait si
peu le projet de faire des révélations, que dans ses
premiers interrogatoires devant l'autorité militaire, il nia formellement tout ce qu'il a été forcé

de confesser plus tard, lorsqu'il a su qu'il était
accusé par les autres *Carbonari* du régiment. Et
cependant, Messieurs les Jurés, Lefèvre n'est
traduit devant vous que pour n'avoir pas révélé,
dans le délai prescrit, le complot qui était à sa
connaissance.

Barlet est *Carbonaro*; c'est ce qui résulte des
déclarations de Pommier, de Hue et d'Asnès.
Ce dernier a notamment affirmé qu'il s'est trouvé
au repas d'Orléans entre Barlet et Perreton. Barlet
a au surplus avoué dans son interrogatoire par-
devant le capitaine de Boislambert, le 22 avril
dernier, qu'il s'était trouvé à ce dîner. A la vérité
il prétend qu'il ne prêta pas son attention à ce
qu'on y put dire; mais comment supposer que
les convives de Bories, que les *Carbonari* du
45°. n'aient pas connu le but de cette réunion?
Bories ne faisait pas les frais d'un souper de vingt
personnes pour le seul plaisir de régaler ses camarades; ce chef de la Vente militaire savait
mieux employer son temps et son argent; il ne
rassemblait ses complices que pour les entretenir de leur entreprise, et presque tous, en
effet, ont déclaré que c'est à ce repas que Bories
leur annonça que probablement on ferait le coup
avant d'arriver à La Rochelle, et qu'il attendait
chaque jour des nouvelles de Paris. Ces ouvertures n'étaient pas tellement insignifiantes par

elles-mêmes qu'elles ne dussent faire aucune impression sur les *Carbonari*. Barlet a donc connu le complot, et ne l'a point révélé.

L'accusé Hue a, de même que Barlet, fait partie de la société des *Carbonari*, et du banquet d'Orléans ; il a si bien connu le complot et toutes ses circonstances criminelles, que c'est précisément parce qu'il en avait une profonde connaissance, que depuis ce moment il a voulu cesser de fréquenter les conjurés ; mais sans assister à leur réunions postérieures, il savait qu'on y tramait toujours des complots. En effet, il dit, dans son interrogatoire du 21 mars : « La semaine dernière, Pommier me dit que sous quinze jours le général Berton devait commander la ville de La Rochelle, et qu'ils auraient de l'avancement... Pommier, Goubin et Raoulx m'ont dit qu'il y avait plus de cinq cents bourgeois avec eux. Le lendemain de l'arrestation de Pommier, Raoulx m'a dit : « Si Pommier n'avait pas été arrêté, l'affaire aurait éclaté cette nuit. Il y a long-temps que Raoulx m'a dit qu'on aurait de l'argent et qu'on gagnerait les soldats. »

Hue a également déclaré que Raoulx, Pommier et Goubin le pressaient de s'associer à leurs desseins. A l'entendre, il leur répondait qu'ayant fait serment de servir sous les drapeaux du Roi, il voulait rester fidèle à ses sermens. De pareils sentimens seraient fort louables, sans doute, s'ils n'étaient pas singulièrement compromis par le silence que l'accusé a gardé sur les projets qu'il désapprouvait. Son improbation ou son repentir ne pouvaient avoir le même effet qu'une révélation, et dès-lors la loi ne doit point lui savoir gré d'une vertu stérile, quand elle exigeait de lui une démarche préservatrice des maux qu'il savait qu'on préparait. Dans ce même interrogatoire du 21, on lui demande pourquoi il n'a pas révélé, et il répond que c'était dans la crainte d'être assassiné.

Les accusés Dutron et Gauthier sont tous deux *Carbonari*, l'un et l'autre l'ont avoué dans leurs interrogatoires du 8 juin dernier : leur affiliation avec les conspirateurs est déjà une présomption qu'ils connaissaient leurs desseins, présomption qui devient une certitude, lorsqu'ils avouent aussi avoir assisté au repas d'Orléans. Leur cause est d'autant moins favorable, qu'ils ont débuté dans la procédure par des dénégations et des réticences, ce qui démontre qu'ils s'étaient fait un système de mensonge pour céler à la justice ce qu'ils auraient dû révéler même avant toute poursuite.

Gauthier prétend que, dès le 15 février, il était parti de La Rochelle pour faire partie d'un détachement ; mais c'est bien antérieurement qu'il fut reçu *Carbonaro*, et qu'il connut le complot à Orléans.

Thomas-Jean est, dans la seconde classe des accusés, un des plus coupables. Non-seulement il est *Carbonaro* comme tous les autres; non-seulement, comme la plupart d'entre eux, il a assisté au souper d'Orléans, dont il était en quelque sorte chargé par Bories de faire les honneurs, puisque c'est lui et Demait qui avaient invité Gauthier à s'y trouver, ainsi que le déclare ce dernier; mais encore il a reçu un poignard des mains de Bories. Il faisait cas de ce présent, et le gardait soigneusement dans son sac. Les témoins Langai et Morin ont déposé devant vous qu'ayant aperçu ce poignard à Paris, ils avaient fait des questions à Thomas sur la destination de cette arme; ce à quoi l'accusé répondit : « Cela ne vous regarde pas. »

Un autre témoin, le sieur Bonneau, a déposé que Thomas avait fait près de lui des tentatives pour l'initier dans la société des *Carbonari*. Il revint plusieurs fois à la charge, et, pour l'amorcer, il disait que dans cette société on se promettait assistance et secours mutuels; qu'il était fort heureux d'avoir trouvé des amis tels que ceux qui composaient cette société, où il avait du pain d'assuré. Il ajouta qu'on desirait y faire entrer d'anciens militaires, et qu'il s'y réunissait des généraux.

Nous ne vous rappelons point tous ces faits pour vous prouver que Thomas a pris part au

24

complot, puisqu'il n'est traduit devant vous que
pour ne l'avoir pas fait connaître ; mais nous
vous les rappelons pour vous démontrer qu'il en
avait en effet connaissance, et qu'il a parfaitement compris le sens de la conversation, qui
eut lieu à la réunion de l'auberge de la Fleur-de-
lys, à Orléans.

Labouré a été *Carbonaro* ; Barlet, Castille et
Asnès le déclarent dans leurs interrogatoires ; ce
dernier devait en savoir quelque chose, puisqu'il
fut débauché par lui, ainsi qu'un nommé Edeline,
contre lequel il n'y a pas eu charge suffisante
pour le renvoyer devant cette Cour.

Labouré a donc débuté dans la secte de la
charbonnerie avec beaucoup de ferveur ; il a assisté au repas d'Orléans, et c'est parce qu'il a vu
qu'il s'agissait de couronner un complot épou-
vantable, qu'il sortit de l'association avec une
sorte d'horreur : repentir inefficace puisqu'il ne
fut pas suivi de l'avertissement salutaire qu'exige
la loi. La patrie n'est pas sauvée avec des larmes et des regrets ; ce tribut de la conscience ne
suffit pas, et c'est pour n'avoir point payé celui
qu'il devait que Labouré est traduit devant vous.
Outre ses déclarations consignées dans ses interrogatoires, il résulte de la déposition du lieutenant Leloup, qu'il déclara à ce dernier ne s'être
aperçu du but de la société qu'à deux époques,
la première dans une conversation qu'il eut avec

Bories à la caserne St.-Jean-de-Beauvais, à Paris,
et l'autre à Orléans, où il apprit le complot.

Lecoq a été reçu *Carbonaro*; Asnès, Pomier,
Goupillon et Hue le déclarent : lui-même en est
convenu; il convient aussi qu'il a fait partie du
souper d'Orléans; comme tous ceux qui ont assisté à ce repas, il a donc connu le complot, sur
lequel, au surplus, sa qualité de *Carbonaro* le
tenait suffisamment éveillé.

Perreton est *Carbonaro*; il a adhéré à toutes
les propositions qui ont été la conséquence de
son initiation; il avoue lui-même dans son interrogatoire du 21 mars, qu'il a connu les détails
de la conspiration; mais il a cru s'excuser en
alléguant qu'on l'avait assuré que tout se termi-
nerait sans tirer un coup de fusil. On aurait pu
en dire autant du 20 mars, qui cependant fut
une des conspirations les plus désastreuses par
ses résultats. Perreton n'a pas seulement été informé du but des conspirateurs au moment de
sa réception; il convient que, depuis, l'accusé
Raoulx lui apprit que les *Carbonari* avaient plus
de cent mille âmes dans la conspiration; qu'on
pouvait compter sur Nantes et La Rochelle; que
bientôt le signal serait donné; qu'enfin des récompenses seraient distribuées aux militaires qui
auraient pris part au mouvement, et que lui,
Perreton, serait fait sous-lieutenant.

Perreton ajoute encore que toutes les fois qu'il

rencontrait les chefs de la société, tels que Bories, Pommier, Goubin et Raoulx, ceux-ci lui tenaient les mêmes propos; que deux d'entre eux, Goubin et Raoulx, lui avaient remis un poignard qu'il avait jeté dans les latrines de la caserne : cette dernière circonstance semble inexacte; car il a été fait des recherches, et le poignard n'a pas été trouvé; on en doit conclure que Perreton a gardé le poignard qu'il avait reçu, ainsi que l'attestent d'ailleurs Pommier et Cochet. Perreton a assisté au dîner d'Orléans; car bien qu'il élude toute explication satisfaisante à cet égard, le fait de sa présence à ce repas est attesté par le témoin Viviens, qui déclare s'y être trouvé entre Barlet et Perreton; au surplus ce fait en lui-même serait surabondant, car il est suffisamment établi par les aveux de l'accusé, qu'indépendamment de ce qu'il a pu apprendre à Orléans, il savait quelle était l'intention des conspirateurs.

Cochet, qui a souvent tergiversé dans ses interrogatoires, a cependant reconnu qu'il était *Carbonaro*, et qu'il a juré sous peine de mort de ne rien révéler. La déclaration de Pommier sur ce point ne lui permettait pas de longues dénégations. Perreton affirme qu'on a offert des poignards à lui-même et à Cochet; l'offre de ces poignards, que ne conteste pas ce dernier, ne pouvait être que la conséquence de l'affiliation

à la secte des conspirateurs. Les désaveux auxquels il est revenu à l'audience ont été confondus
par M. le colonel de Toustain, qui vous a rapporté
qu'à une revue où le régiment manifestait, devant
le général Despinois et par des cris unanimes de
vive le Roi, la réprobation du complot découvert dans son sein, Cochet, ému de cette scène
d'attendrissement et de fidélité, présenta les
armes à ce général, en lui révélant sa faute. Il
est évident qu'il ne pouvait être question alors
que de la faute qu'il avait commise en ayant fait
partie d'une secte de conspirateurs dont il n'a-
vait pas révélé les secrets.

Cochet prétend qu'il n'a pas assisté au souper
d'Orléans ; il est démenti sur ce point par Labouré, et la déclaration de ce dernier est d'autant moins suspecte, qu'il ne nomme Cochet que
pour lui faire honneur des regrets qu'il éprouve
de faire partie d'une société dont la réunion d'Orléans venait de dévoiler les criminelles résolutions. Cochet lui-même avoue implicitement
qu'il assistait à ce repas, puisqu'il déclare que
c'est à Orléans qu'il s'aperçut qu'on voulait
l'entraîner dans un crime. Au surplus, que ce
soit à table ou ailleurs qu'il ait acquis cette conviction, il n'en est pas moins certain qu'il con-
naissait le complot, et qu'il devait révéler ce
qu'il en savait.

Demait est *Carbonaro*. Il a d'abord essayé de

démentir ce fait, qui, constaté par les déclarations de Goupillon et de Pommier, a été ensuite
reconnu par lui dans son interrogatoire devant
M. de Besleyme. Demait faisait partie du dîner
d'Orléans; mais il prétend qu'il n'a rien entendu
de relatif à la politique, assertion démentie par
treize convives, qui tous rendent compte de la
conversation qui eut lieu, et des renseignemens
que Bories donna à ses complices sur la prochaine exécution du complot. Lui-même le reconnaît implicitement, puisque dans l'interrogatoire précité, il dit que c'est au dîner d'Orléans qu'il apprit qu'il était d'une société de *Carbonari* dont le but était de maintenir la liberté.

Au surplus, et si l'on pouvait admettre que
Demait n'eût rien entendu de ce qui s'est dit à
ce fameux banquet, lorsque les autres au contraire l'entendirent si bien, que plusieurs conçurent dès lors le plus vif repentir, il n'en aurait pas moins acquis postérieurement la connaissance du complot, puisqu'il est prouvé par ses
propres aveux, consignés dans le procès-verbal
du 9 juin dernier, qu'il était à l'auberge du Soleil-d'Or au village de Lafond, où l'on délibéra
sur plusieurs points de la conspiration.

Demait est le dernier des prévenus dont nous
avions à examiner la culpabilité, et ici doit s'arrêter la discussion.

L'accusation est épuisée, et cependant, Mes

sieurs les Jurés, on se demandera peut-être si notre tâche est remplie, quand la puissance mystérieuse et cachée que nous avons tant de fois
signalée dans le cours de ces débats comme la
source de tous les désordres, est encore à l'abri
des foudres de la justice, et trame peut-être de
nouvelles conjurations ? On se demandera si elle
est remplie, quand vous n'êtes appelés qu'à sévir
contre des agens subalternes qui seront aisément remplacés par d'autres adeptes non moins
obscurs, race toujours renaissante sous le souffle
corrupteur qui la fait éclore ?... Oui, Messieurs,
notre tâche est remplie, parce que nous avons
rendu compte à la loi des seuls accusés qu'elle
nous avait livrés, et qu'en attaquer d'autres, lorsque nous n'avons point mission à cet égard, ce
serait sortir de nos fonctions, et tomber du devoir
dans l'arbitraire ; il nous suffit d'avoir brisé la
pierre de l'antre, et fait pénétrer la lumière à travers les intrigues ténébreuses et les affiliations des
conspirateurs ; il suffit d'avoir arraché le masque
dont ils se couvraient, et indiqué leurs pratiques,
leurs ressources, leurs moyens de corruption.
Ce serait sans doute un triomphe éclatant pour la
vindicte publique, si les chefs d'un comité su-
borneur étaient judiciairement connus et punis ;
mais ce serait une victoire encore plus désirable,
parce qu'elle serait plus décisive, si, ne pouvant
atteindre ces individus, on s'attachait à détruire

les principes qui font leur crédit, leur force, leur
audace. Celui qui arrête la tempête ne s'adresse
pas aux flots, mais aux vents qui les agitent, et le
calme est rétabli : de même le législateur, qui veut
en finir avec les révolutions, ne s'attache point
aux effets, mais à leur cause; car ici la question
est moins dans les personnes que dans les choses.
Si l'état de délabrement où languit l'Europe entière ne changeait pas; si l'on ne trouvait point à
remplir, par une grande création, ce vide immense
où s'égarent les esprits, ce néant social où rien ne
parle fortement à l'âme, qu'importerait au salut
de la patrie la disparition de quelques êtres per-
vers? Le reste de la génération n'en respirerait
pas moins un air contagieux. La justice peut bien
réprimer les égaremens isolés et les désordres par-
tiels; mais si l'épidémie devenait générale, elle
serait insuffisante. Si, au contraire, le secret de la
vie politique est retrouvé, les perturbateurs n'at-
tendront pas l'action des tribunaux, et reviendront
bientôt à l'ordre, comme on les a vus naguère
revenir de l'anarchie au despotisme. Oui, notre
tâche est remplie, si cette cause fait sentir de
plus en plus que ce n'est pas seulement par les
moyens ordinaires et le courant administratif ou
judiciaire, mais par des conceptions élevées,
qu'on peut réprimer le débordement d'une faction qui, par degrés, est devenue une impulsion
vers le mal, puis l'organisation du mal, puis la

direction et la souveraineté du mal étendant ses
conquêtes sur tous les peuples ; en telle sorte que ,
se sentant maintenant assez forte pour être offen-
sive et intolérante, elle menace , intimide et per-
sécute : ses pensées sont des complots, ses mouvemens des insurrections, sa parole est le scandale ,
son souffle est l'incendie.

Si nous osons nous abandonner à ces réflexions,
qui semblent appartenir au publiciste plus qu'au
magistrat, c'est que la cause qui sort elle-même des
bornes judiciaires pour répandre un intérêt lumineux sur la situation européenne , nous en fournit
naturellement le sujet ; en nous offrant une preuve
irrécusable de l'intérêt qui nous pousse vers de
fortes institutions. Lorsqu'en effet nous voyons
une jeunesse ardente se plonger toute vive dans
l'ombre des sociétés secrètes , où elle accepte une
aveugle obéissance, se soumet aux ordres absolus
d'une hiérarchie invisible , et souscrit contre elle-
même des sermens qui peuvent devenir des arrêts
de mort; lorsqu'enfin elle choisit par goût , ce que
le plus rigoureux despotisme craindrait de lui in-
fliger, ne prouve-t-elle pas assez combien le cœur
humain est fait pour la discipline et pour le ser-
vage des devoirs, puisqu'il cherche jusque dans
l'erreur et dans le crime , le simulacre de quelque institution qu'il eût accueillie avec transport
si elle lui eût été préparée dans le sein de la morale et de la vertu.

25

Oh ! que ce serait un noble et imposant spectacle, que de voir, au faîte de la civilisation d'où
les empires tombent et s'écroulent, une monarchie, toute chargée de glorieux souvenirs, méditer une nouvelle ère de force et de prospérité,
là où les anciens peuples n'ont trouvé que la
corruption et la mort. Ainsi seraient vengées
les lumières que l'on a souvent accusées de dis-
soudre les sociétés, et qui enfin auraient servi à
nous éclairer sur les écueils où tant d'autres se
sont brisés.

Puisse cette régénération politique illustrer le
règne des Bourbons ! mais la sagesse la plus con-
sommée ne peut l'opérer qu'avec lenteur ; car
les plus belles institutions viennent des mœurs,
et les mœurs ne prennent naissance que dans
le culte des foyers domestiques et des coutumes héréditaires. Si avant qu'on nous ait préparé ces garanties, si avant qu'on ait substi-
tué l'art de gouverner à l'art d'administrer,
le désordre se manifeste encore, c'est à nous
qu'il appartient de veiller autour du sanctuaire
où méditera la prudence du père de la patrie,
pour que les perturbateurs ne viennent point
troubler ses conceptions salutaires. Dans cet in-
terrègne forcé des grandes institutions morales,
la justice doit sentir redoubler son zèle et sa
vigueur. Vous êtes donc, Messieurs, un des fer-
mes supports de la société; vos sermens sont sa

dernière espérance. Les factieux, en s'efforçant
d'ébranler les consciences du jury français,
prouvent assez ce qu'ils auraient à gagner par
sa faiblesse, et à redouter de sa fermeté.

Leurs menaces sont les cris de leur impuissan-
ce ; ils sont faibles puisqu'ils essayent de corrompre ; ils ne seront forts que si vous renoncez
à l'être. Ce n'est pas que nous cherchions à dissiper les vaines terreurs dont leur secte voudrait
vous entourer, car vous seriez trop heureux d'a-
voir quelque grand sacrifice à faire à l'honneur
et à la vertu. Ah ! s'il était possible que quelque
chose pût ajouter à la noble volupté qu'éprouve
l'homme de bien, remplissant un devoir, c'est le
sentiment du péril, c'est le péril lui-même qui
fait de ce simple devoir une gloire impérissable.
Oui, s'il était vrai que vous fussiez en butte au
poignard, que la torche incendiaire fût à vos
portes, que vos noms inscrits sur un livre de
sang fussent promis à un avenir de terreur, loin
de vous dissimuler ces dangers, nous vous félici-
terions d'avoir à les braver dans l'intérêt de vos
sermens ; nous nous applaudirions d'avoir à les
partager avec vous. Honte éternelle à ceux qui
au lieu de fouler à leurs pieds de semblables
craintes, les auraient laissé monter jusqu'à leurs
cœurs ! Quant à vous, Messieurs, si vous n'avez
point à les combattre, tenez-vous en garde contre d'autres ennemis d'autant plus dangereux

qu'ils se cachent sous une apparence d'humanité. Défiez-vous de ces sophismes perfides, de ces
déclamations hypocrites, de tous ces piéges modernes que l'on ne cesse de tendre au jury. On
attend de sa complaisance le prix des éloges in-
sidieux qu'on a prodigués à son institution, et
c'est à condition qu'elle se laisserait désarmer,
qu'on a consenti à l'appeler une institution nationale. Montrez qu'elle est en effet nationale en
sauvant vos concitoyens des efforts du conspirateur, et qu'on puisse dire à votre louange : si c'est
à Paris que s'est organisé un comité corrupteur
qui a mis à l'entreprise le bouleversement de la
société ; c'est aussi là qu'il s'est trouvé des hommes intègres et inébranlables qui, en brisant les
instrumens des complots, ont prouvé que dans la
capitale des lis fleurissent encore l'amour de la
justice et la fidélité.

RÉPLIQUE.

Le 4 septembre, et après les plaidoieries des vingt-cinq Avocats des accusés, M. l'Avocat-gé-néral de Marchangy a répliqué en ces mots dans la même affaire :

Messieurs les Jurés,

Nous ne reviendrons pas sur les faits et les charges du procès, car après les avoir exposés pour la seconde fois, vingt-cinq répliques succé-dant à la nôtre viendraient éterniser cette alter-native d'erreur et de vérité qui se partage de longs débats.

Nous nous bornerons à rétablir quelques points importans qu'on a dénaturés, à réfuter quelques sophismes dangereux, auxquels il ne faut point que la paresse du silence laisse acquérir un droit de prescription.

Ce qui plaît à la justice dans votre institution, Messieurs, c'est l'indépendance avec laquelle se forme votre opinion. Vous n'attendez pas, pour croire, la permission de quelques règles scolas-tiques, de quelques adages oubliés dans la pous-sière du barreau, depuis que la loi vous a dit : « Je ne vous demande pas compte des moyens qui peuvent vous convaincre; je ne vous prescris point de règles desquelles vous deviez faire dépendre la plénitude et la suffisance d'une preuve. » Lisez les nobles maximes qu'elle-même a tracées dans le sanctuaire de vos délibérations, et vous verrez que toute votre jurisprudence est dans ces mots : *Avez-vous une intime conviction ?* Ce serait donc repousser la loi elle-même, et rester sourd à la raison qui l'a dictée, que de répéter, comme on le faisait avant l'établissement du jury : *Nous sommes convaincus que les accusés sont coupables, mais il n'y a pas assez de preuves.* Ce langage étroit, qui sacrifie les infaillibles inspirations de la conscience et le bon sens de l'équité aux arguties de la controverse, serait, de la part des jurés, une abdication de leur propre institution, car s'ils sont intimement convaincus, qu'importe de savoir comment ils l'ont été ?

Ils ont oublié ces enseignemens, ceux-là qui vous ont plaidé des théories abstraites sur la nature et la qualité des preuves, ils ont voulu substituer à la loi qui nous régit les formules de l'ancienne école ou les axiomes de quelques publicistes étrangers, pour vous démontrer qu'autrefois les aveux des accusés ne pouvaient entrer dans les élémens de conviction, et ils sont formellement contredits par les autorités mêmes qu'ils ont invoquées. Ils ont soutenu qu'il fallait rejeter ce qui n'était point oral et public, c'est-à-dire, les interrogatoires et les procès - verbaux, tandis qu'au contraire les articles 341 et 342 du Code d'instruction criminelle les soumet à votre dis-cernement et les place au rang des preuves. Quel-ques mots suffiront pour dissiper cet ensemble d'erreurs, et puisqu'on a cité sans besoin la loi romaine et la jurisprudence anglaise, il faut bien d'abord vous en dire quelque chose. La loi ro-maine, dit-on, repousse les aveux comme preu-ves immorales, et il se trouve que cette loi a proclamé précisément tout le contraire. Écou-tez les plus célèbres des commentateurs et des criminalistes. Jousse, dans son nouveau com-mentaire sur l'ordonnance criminelle, titre xxv, art. 5, s'exprime ainsi : « De toutes les preuves qu'on peut avoir en matière criminelle, la con-fession de l'accusé est la plus forte et la plus cer-taine, et par conséquent cette preuve est suffi-sante, etc. » C'est ainsi que le pensent Bartole et Paul de Castro sur l'authentique *sed novo jure*, au code *de servis fugitivis*, et c'est aussi la dispo-sition précise de la loi 16 au Code *de pœnis*, et de la loi 10 au Code *de episcopis et clericis*, *ita etiam Paulus*, livre 5 des Sentences, titre 10, § 13.

Julius Clarus, sur la question 65, nᵒˢ. 1 et 2, liv. 5 des Sentences, dit que c'est là une maxime certaine, *et hanc practicam totus mundus servat*, et cette pratique régit le monde entier. Cet auteur

fait néanmoins une distinction judicieuse entre
la confession faite au milieu des tourmens, c'est-
à-dire la question, usitée de son temps, et celle
qui est faite librement et du propre mouvement
de l'accusé. Dans le premier cas, il veut que la
confession du crime ne fasse preuve contre l'accusé que lorsqu'il la ratifie, lorsqu'il n'est plus
dans les tourmens; *mais dans le second cas, une
seule confession volontaire,* dit-il, *fait une preuve
complète contre l'accusé, et c'est le sentiment
général de tous les auteurs.* « En effet, dit le jurisconsulte Jousse, déjà cité, on ne présumera
jamais, sans renverser toutes les lois de la nature, qu'un homme veuille de sang-froid s'accuser
d'un crime dont il n'est point l'auteur; de même
qu'on ne présumera pas que deux témoins qui en
accusent un autre veuillent le perdre de propos
délibéré : ce qui est encore bien moins à présumer
dans le premier de ces deux cas que dans le second, puisque notre propre vie nous est infini-
ment plus chère qu'elle ne l'est aux autres. »

On ne pourra vous indiquer, Messieurs, un
seul jurisconsulte éclairé qui ait professé une
opinion contraire. Et l'on a osé vous dire que la
jurisprudence romaine rejetait les aveux ! Est-on
plus heureux en citant les lois des Anglais ? Au
moment où l'on invoquait leur opinion, nous li-
sions dans leurs journaux qu'aux dernières assises
de Cork le fameux Walter Fitz-Maurice venait

d'être condamné à mort comme complice d'un
enlèvement ; et *ce sur ses propres aveux.*

Mais que nous importent les législations étrangères ? Rentrons dans la nôtre ; nous y voyons
qu'elle a formellement voulu que les procès-verbaux et les interrogatoires, en un mot, toutes les
pièces du procès vous fussent communiquées, excepté les dispositions écrites des témoins, parce
qu'ils n'ont d'abord déposé qu'en l'absence de
l'accusé, qui a le droit de contredire leur témoi-
gnage. Vous jugerez maintenant de la bonne foi
d'une défense qui a cru fortifier ses citations
inexactes sur le point de droit, en évoquant les
ombres des Templiers qui ont rétracté, à la face du
ciel, les aveux que, dans leur innocence, ils
avaient faits des crimes qui leur étaient imputés.
Mais oublie-t-on que c'était dans les intervalles
des tortures, et n'est-ce pas pour eux que le poète
dont on vous a parlé a composé ce beau vers :

> La torture interroge, et la douleur répond.

Pour égayer l'auditoire, plus qu'il n'était convena-
ble et décent de le faire, on a exhumé des ar-
chives du 16e. siècle le jugement qui condamne
un berger, lequel profitant des superstitions de
son temps, se couvrait de la peau d'un loup pour
répandre l'effroi, et se rendre coupable de rapt
ou de vol à l'aide d'un travestissement trop fré-
quent à cette époque. Ce berger, il faut en con-

26

venir, fit des aveux absurdes, soit que, d'après l'esprit de son siècle, il tînt à honneur d'être réputé
sorcier; soit qu'il eût fait des révélations à la suite
des épreuves de l'eau froide renouvelées au 15e. siècle contre ceux qui étaient accusés de sortiléges;
soit que ses aveux lui eussent été arrachés par
l'étreinte des supplices interrogateurs.

Est-ce maintenant ainsi qu'on interroge, depuis que la question a été abolie par ce roi de
pieuse mémoire, qu'ont appelé tyran ceux qu'a-
vait épargnés sa bonté?

Citera-t-on, aujourd'hui, des aveux insensés,
des aveux extorqués, puis trouvés en contradiction avec le bon sens et la vérité! Oui, Messieurs,
on est parvenu à vous en signaler un exemple
tout récent. Un malheureux obsédé de chagrins,
las de la vie, et voulant la quitter, même par la
voie la plus affreuse, persistait à s'avouer coupable du crime d'incendie; et les magistrats, vous
a-t-on dit avec ingénuité, eurent beaucoup de
peine à lui faire abandonner ses aveux. Ils les re-
jetèrent en dépit de lui-même, et malgré lui pro-
clamèrent son innocence........... Oh! justice
éclairée et paternelle du dix-neuvième siècle!
c'est donc en dénonçant vos bienfaits qu'on prétend vous accuser!

Disons donc, Messieurs, en nous résumant sur
ce point, que les aveux, loin d'être affaiblis par la
rétractation, en reçoivent une force nouvelle,

surtout lorsque cette rétractation est l'œuvre d'un système général et spontanément imaginé par des accusés. Disons encore que la doctrine de l'indivisibilité des aveux qu'on vous a plaidée, est fausse en matière criminelle, et serait destructive de la liberté de conscience laissée au jury; disons enfin que nul accusé dans le procès ne sera condamné sur ses aveux, mais sur ses aveux trouvés en rapport avec les révélations de ses co-accusés et les circonstances de l'affaire; ajoutons que, si ces mêmes aveux vous paraissent avoir été faits librement et sans contrainte, vous les recevrez comme les premières, comme les plus fortes preuves qui puissent opérer votre conviction.

Les efforts des défenseurs pour écarter les aveux et les révélations, pour vous engager à leur préférer l'apostasie de quelques misérables rétractations; ces efforts, que repoussent nos lois et celles de tous les pays, ne pourraient triompher sans paralyser l'action de la justice. Si l'on accueillait les doctrines des défenseurs, que resterait-il donc désormais à la vindicte publique? que resterait-il à l'accusation chargée de poursuivre les crimes? On lui refuse les aveux des accusés; on ne lui permet plus de frayer avec le repentir; on s'attache à rendre suspectes ou odieuses toutes les sources de conviction; les témoins, déjà si rares en matière de conspiration, ou les coupables, se cachent soigneusement dans l'ombre; les

témoins sont des agens de l'autorité ou de vils délateurs ; les pièces du procès sont les suppositions
d'une autorité arbitraire. On tend à faire dégéné-
rer l'accusation en faits puériles qui ne péche-
raient que par trop d'innocence, en faits burles-
ques, en misérables parodies propres à exciter la
dérision. Le sourire d'une incrédulité affectée
provoque le doute et mendie l'indulgence, on
espère faire amnistier par de frivoles plaisante-
ries des forfaits qui compromettent le sort de la
société tout entière, légèreté blâmable et cependant moins repoussante encore que cette sen-
sibilité bâtarde, que cette philanthropie factice
qu'on a tant préconisée depuis quarante ans, et qui
serait la vertu des faibles si elle n'était pas le vice
des factieux, puisqu'elle s'interpose sans cesse entre le coupable et la justice, et qu'elle voudrait
mettre, dans la balance, une destinée proscrite
par les lois, avec le maintien de l'ordre et la sûreté publique !

La défense n'a pas épuisé toutes ses erreurs
sur la doctrine des aveux, et peut-être en a-t-
elle répandu davantage encore dans tout ce
qu'elle vous a plaidé pour établir qu'il n'y avait
pas au procès un véritable corps de délit.

Et d'abord, à l'entendre, la secte des *Carbonari* n'est point punie par nos lois.

Mais ce n'est point comme *Carbonari* qu'il
faut punir les accusés, c'est comme conspira-

teurs. Si l'on pouvait conspirer avec impunité
dès qu'on s'appelle *Carbonaro*, le nom ferait
bientôt fortune.

Il y a plus, et s'il est vrai que les *Carbonari*
ne s'associent que pour renverser le gouvernement, si leurs statuts, leurs sermens, leurs cotisations, si tout leur régime occulte et leurs
plans obstinés tendent à ce but criminel, si l'on
trouve leur participation flagrante et la trace
de leurs pas dans toutes les insurrections européennes, si les complots qui furent découverts
récemment en France ont été ourdis par eux,
comme le prouvent les nombreuses procédures
dont nous vous avons entretenus; il en résultera,
non pas que tout *Carbonaro* est conspirateur,
mais du moins une forte présomption que tout
Carbonaro est en état de disponibilité pour le fait
de conspiration, présomption qui ne suffira pas
sans doute pour motiver à elle seule une condamnation, mais qui se joindra utilement aux
autres charges du procès.

Il y avait donc de notre part nécessité de démontrer l'aptitude et la vocation des *Carbonari*.
Mais voyez combien on est peu conséquent envers l'accusation : d'une part on lui crie: Prouvez
que les *Carbonari* conspirent par toute la France
et l'Europe; et lorsque nous le prouvons, en dé-
voilant les mystères de la secte et les actes hostiles du comité qui la dirige, voilà qu'on est

effrayé de voir pénétrer la lumière dans les lieux sacrés, et qu'on nous crie encore plus fort: *Vous sortez de la cause, n'allez pas plus loin; il ne s'agit ici que de quelques pauvres sous-officiers, d'un avocat stagiaire et d'un maître d'école.*

Mais ce cri de détresse est arrivé trop tard, car tout ce qu'il fallait prouver a été prouvé.

Il y a par trop de crédulité à ne voir dans le *carbonarisme* des accusés, qu'une société de secours mutuels à l'effet de créer, pour les cas de maladie, une caisse, qu'en attendant on épuise en banquets; société charitable, digne d'éloges, et pourtant si secrète, que les initiés jurent, sous peine de mort, de ne rien révéler; société philanthropique, et dans laquelle cependant on ne se contente pas de recevoir des poignards en lames, puisqu'on leur fabrique des manches, ce qui prouve assez l'intention de se servir de cette arme en cas de besoin. Mais tout cela, dit-on, rentre dans les symboles et les attributs mystiques des sociétés secrètes. Ne trouve-t-on pas les mêmes choses dans les initiations de la franc-maçonnerie? Il est dérisoire, Messieurs, d'assimiler l'association active et menaçante des *Carbonari*, à cette franc-maçonnerie surannée, qui, usée par plusieurs siècles de ridicule, est tombée dans une sorte d'enfance et de nullité qui fait qu'on l'épargne parce qu'on la méprise.

On a voulu dissiper l'impression qu'avait pu

causer la vue de ces poignards, par une scène grotesque, indigne sans doute de la majesté de l'audience et de la gravité des faits. Le plus jeune des avocats, et sa jeunesse même ne peut l'excuser, pour vous démontrer que chacun pouvait posséder une arme pareille sans mauvais dessein, a exhibé un petit poignard fabriqué le matin pour la cause, bien innocent assurément; mais à défaut des crimes dont il ne sera jamais souillé dans les jeunes mains qui le présentent comme un hochet, il a fourni au défenseur le texte de facéties qui ont dû exciter plus que de la surprise; et si par respect pour la défense nous ne l'avons pas interrompu par un réquisitoire formel, nous nous réservons de signaler à la chambre de discipline des avocats, l'indécente parade que s'est permise devant la cour M. Chaix-d'Est-Ange.

On voudrait donc vainement vous abuser par de fausses ou de ridicules analogies. Les *Carbonari* ne sont ni des philanthropes, ni des francs-maçons. Dans cent procès jugés nouvellement tant en Italie qu'en France, on a vu se reproduire, avec une identité remarquable, les signes, les pratiques, les obligations, les discours, les projets, les ressources de la charbonnerie. On vous a dit avec ostentation que quelques-uns de ces procès ont pris une tournure favorable aux accusés. Tant mieux pour ces accusés; et nous dirions même tant mieux pour la société, sans une réflexion que nous vous soumettrons volontiers

puisqu'elle nous est inspirée par votre institution : c'est que la sévérité des jurés est pro-
fitable aux accusés eux-mêmes, en ce sens que
si les jurés prononcent toujours avec une impartialité austère, on croira à l'innocence de ceux
qui seront acquittés ; tandis que s'il était possible
qu'ils prononçassent avec trop d'indulgence et
de faiblesse, ceux qu'on absout ne retireraient
d'autre avantage de cette absolution que leur liberté dépouillée d'honneur ; du reste un doute pénible, une vague défiance planeraient à jamais
sur eux, et ils porteraient éternellement les stig-
mates de l'accusation. Dès-lors l'innocent lui-
même, confondu dans la foule que laisseraient
échapper les larges issues de vos délibérations,
ne pourrait point recueillir, pour prix d'une
longue détention, cette réhabilitation morale
qui seule peut lui rendre sa place parmi ses concitoyens, et le réconcilier avec l'opinion sociale
qui ne se détermine pas toujours par la chose
matériellement jugée ; tant il est vrai, nous le
répétons, que votre sévérité est la garantie de
l'innocence et la gardienne de l'honneur, comme
elle est aussi la terreur du coupable et le *palla-
dium* de l'état.

Nous avons eu, à une précédente audience,
l'honneur de vous exposer qu'en fait de complot,
il n'était pas besoin qu'il y eût commencement
d'exécution, et qu'il suffisait d'une résolution
concertée et arrêtée entre deux ou plusieurs

conspirateurs. La défense a reconnu elle-même
la vérité des principes que nous avons développés sur ce point ; mais elle conteste l'application
que nous en faisons à la cause ; car, dit elle, il
n'y a point ici de résolution concertée et de but
certain.

Avant de vous démontrer qu'il y avait résolution concertée et arrêtée, il faut écarter ce qu'on
vous a plaidé sur le peu de moyens des conjurés,
sur la ridicule faiblesse de leur nombre et de leurs
ressources, sur le contraste qui existe, dit-on,
entre le projet qu'on leur suppose et leur propre
incapacité. En effet que des conspirateurs se précipitent en aveugles dans une résolution d'agir ;
qu'il y ait de fortes probabilités pour croire qu'ils
échoueront dans une téméraire entreprise, ils
n'en sont pas moins conspirateurs. La loi ne punit
pas seulement ceux qui conspirent en prenant si
bien leurs mesures qu'il y ait pour eux des chances
de succès. Cette loi qui définit le complot une résolution d'agir concertée entre deux ou plusieurs
individus, n'a pu croire que deux ou plusieurs
individus pouvaient bouleverser l'état et exciter
la guerre civile ; mais elle frappe ceux qui conspirent sans rechercher quels étaient leurs moyens
et sans faire l'inventaire de leurs forces et de leurs
espérances. Il n'y a sur les bancs qu'une douzaine
d'individus accusés de conspiration ; mais c'est
six fois plus que n'en exige l'article 89 du code

27

pénal qui parle de deux personnes ou d'un plus
grand nombre; et d'ailleurs est-il donc vrai de
prétendre que les accusés étaient dans l'état de
faiblesse et d'isolement où la défense nous les
présente? Nous dirons surabondamment, car encore une fois la loi nous dispense de toute autre
preuve que celle de la résolution d'agir concertée
et arrêtée, nous dirons à ceux qui s'étonnent
qu'on n'ait point découvert sur les accusés, de
l'or, des munitions, des cocardes, des drapeaux
tricolores, et tous les indices d'une action prochaine, que ces accusés étaient destinés à agir
comme les auxiliaires d'une force qui devait ap-
paraître au moment de l'accusation. On demande
où étaient les munitions? Mais Goupillon, Asnès
et d'autres accusés ne parlent-ils pas des cartouches et des armes qu'on devait livrer aux conjurés
qui déjà avaient reçu des poignards en à-compte?
On demande où sont les renforts? Mais les accusés et les témoins ne vous ont-ils pas dit qu'ils
étaient convenus de se fédérer avec cinq à six
cents habitans de La Rochelle, avec les gens qu'a-
mènerait le général Berton, avec les prisonniers
de la tour, les galériens de Bellecroix, les chevaliers de la liberté des lieux voisins, avec les
villes de Saumur, de Niort, de Nantes, de Poitiers,
avec une partie de la population et de l'armée.
Prouvez-nous tout cela, s'écrie-t-on! Mais remarquez, Messieurs, qu'il ne s'agit ici que des espérances bien ou mal fondées des accusés, qui sans

doute, et nous aimons à le proclamer, s'abusaient à
cet égard, mais qui même en s'abusant ne cons-
piraient pas moins, et voilà tout ce que nous avons
à prouver. Enfin on se demande où étaient les insignes de la révolte ? Mais les deux drapeaux tricolores n'étaient-ils pas prêts? tous les accusés
n'étaient-ils pas convenus de les arborer lorsqu'ils seraient présentés par le général en chef.
Goubin savait où étaient ces deux drapeaux dont
il parle dans son interrogatoire du 26 mars ; et
selon la déposition du témoin Allard, il aurait dit
en prison que si on lui donnait un agent de police,
il pourrait le conduire dans la maison où étaient
cachés ces étendards de l'insurrection.

C'est donc avec raison que la loi n'a pas mesuré
le crime des conspirateurs à leurs moyens d'exécution ; elle a supposé au contraire que ceux qui
conspirent, quels que fussent leur petit nombre,
et leur nullité apparente, pouvaient avoir des ressources cachées et des instigateurs puissans, qu'ils
n'étaient que les agens subalternes, les enfans
perdus, les êtres insignifians qui tout-à-coup, au
jour du succès, disparaîtraient respectueusement
avec leur salaire, devant les grands noms et les
grandes fortunes. Les conspirations ont donc
aussi en quelque sorte, et si l'on peut s'exprimer
ainsi, leurs éditeurs responsables, dans la personne
de quelques fanatiques dévoués, dont l'obscurité
officieuse ne trahit point leurs commettans.

C'est avec surprise que nous avons entendu un

des défenseurs les plus judicieux argumenter
contre la qualification que nous avons faite du
complot, parce que nous avons articulé les différens crimes qui résultent d'un complot, en d'autres termes, parce que nous avons énuméré les
questions de savoir s'il y avait complot, à l'effet soit
de détruire ou de changer le gouvernement, ou
l'ordre de successibilité au trône, soit d'exciter
les citoyens à s'armer contre l'autorité royale,
soit d'exciter la guerre civile en armant ou en
portant les citoyens ou habitans à s'armer les uns
contre les autres. Il est d'usage en matière de
complot de poser ces diverses questions, car elles
diffèrent entre elles par des nuances si légères,
que toutes découlent pour l'ordinaire du fait du
complot, et qu'il n'y aurait pas de raison pour en
poser une de préférence à une autre ; c'est à Messieurs les Jurés de déterminer si, à cause de leur
affinité avec les faits elles peuvent être toutes ré-
solues affirmativement, ou si l'une d'entre elles
peut être admise et les autres rejetées. Mais, dans
tous les cas, loin de conclure qu'il y a incertitude
dans la marche de l'accusation quand elle accu-
mule tous les chefs qui peuvent se rattacher au
complot, il serait plus juste d'en conclure qu'il y a
surabondance de motifs dans la qualification du
corps de délit.

Un autre défenseur vous a dit qu'il n'y avait
pas résolution concertée et arrêtée, parce qu'il y
avait dissidence sur le choix du gouvernement;

que les uns voulaient la république, les autres
l'empire, ceux-ci un prince étranger, ceux là un
monarque élu dans la diète du peuple. Il n'y avait
donc pas, dit-on, un but fixe et déterminé, car
pour renverser il faut savoir ce qu'on doit substituer; pour crier, à bas tel ordre de chose, il faut
qu'on puisse proclamer en même temps une autre
forme de gouvernement. Cette opinion ingénue
fait honneur au caractère du défenseur qui, même
dans l'hypothèse d'une révolution, présume qu'on
doit procéder avec méthode et qu'on ne peut marcher qu'en mesure, ou ne raisonner qu'en bonne
logique, au milieu des scènes de l'insurrection et
du désordre. On pourrait lui répondre que les
gouvernemens usurpateurs ne s'élèvent que sur
des monceaux de ruines; que l'imprévoyance des
novateurs, et surtout des révolutionnaires, est
d'abattre tout avant d'édifier quelque chose; qu'à
plus forte raison les conspirateurs, qui ne sont
chargés que des moyens de détruire, ne peuvent
songer à créer. Qu'au surplus, et dans l'espèce
qui nous occupe, on avait le drapeau tricolore
comme symbole provisoire, la constitution de 91
par *interim*, et le comité-directeur pour transition. Mais il suffira de faire observer que la loi
voit le complot dans le renversement de ce qui
existe, et non dans la question de savoir ce qui
devait être mis à la place : question assurément
très superflue et très oiseuse, car si le fait du
renversement est certain, il n'est guère besoin

d'en apprendre davantage. Ce ne serait là qu'un mouvement de curiosité assez déplacé dans une disposition légale.

Mais enfin qu'est-ce donc qu'un complot, ou plutôt qu'est-ce donc qu'une résolution d'agir concertée et arrêtée?

La défense a grand tort de morceler l'accusation et de juger isolément tous les faits d'où nous avons déduit les preuves de cette résolution, telle que la définit l'art. 89 du code pénal. Sans doute qu'une résolution concertée et arrêtée suppose délibération, ou du moins accord de la part de deux ou plusieurs personnes; mais il n'est pas besoin que cette même résolution soit concertée et arrêtée tout d'un coup, au même instant, dans un seul et même conciliabule. Une conspiration ne s'improvise pas de cette manière; une résolution d'agir en fait de conspiration, peut se composer d'un grand nombre de conférences, de démarches, de propositions, d'instructions, de consentemens successifs. Aujourd'hui les uns haranguent, demain les autres parlent ou agissent en conséquence. Il faut donc jeter un coup-d'œil sur l'ensemble de toutes ces volontés émises et combinées, sur la cohésion de tant d'actes divers, pour apprendre si, en définitif, il en résulte une véritable résolution concertée et arrêtée dans le sens du code pénal.

Les défenseurs ont deviné le danger de cette épreuve; ils ont pensé qu'il était impossible d'en-

visager tous ces faits coordonnés dans une harmonie parfaite, et de rapprocher toutes ces adhésions positives ou tacites , sans être frappé de
l'idée d'une résolution d'agir concertée et arrêtée.

Ils ont donc brisé la trame que déroulait l'accusation , et il leur a été facile ensuite de faire
voir que des fils coupés et sans suite n'aboutis-
saient à rien.

Ainsi par exemple l'on a plaidé que les accusés
de Paris étaient étrangers aux faits de La Rochelle;
on a soutenu que ceux qui avaient agi à La Rochelle n'avaient rien de commun avec ce qui
s'était passé à Paris ; enfin on a renfermé dans
le cercle étroit de l'épisode d'Orléans des faits
qui ne tirent leur lumière et leur force que de ce
qui a précédé et suivi.

Nous devons renverser ces barrières, ces remparts arbitraires qui découpent en compartimens
absurdes, en fractions insignifiantes, une grande
et vaste conspiration qu'on voudrait en vain atténuer par un semblable système.

La conspiration naît et croît à Paris ; elle se
développe à Orléans, à Tours, à Ste.-Maure;
elle parvient à La Rochelle au dernier degré de
maturité, pour son exécution.

Plus nous vous avons démontré que la conspiration s'était formée à Paris , plus on s'est ef-
forcé d'en changer le siége ; car si le comité
directeur a été attaqué , il n'a pas été moins vi-
vement défendu.

Nous avons dit que le carbonarisme par lui-
même n'était qu'une présomption grave de conspiration. Il est maintenant prouvé qu'une vente
de *Carbonari* se forma dans le 45e. régiment ; il
est également démontré que cette vente a été
formée dans le but de conspirer. Que quelques-uns de ceux qui la composaient aient dé-
serté son entreprise ; qu'il ne se soit pas trouvé
contre d'autres des charges suffisantes pour joindre au titre de *Carbonaro*, qui, par lui-même,
n'était pas décisif, il n'en est pas moins établi que
la masse de la vente militaire était constituée en
état flagrant de conspiration, qu'elle reçut en
naissant le souffle de l'insurrection, que depuis
sa naissance jusqu'à sa dissolution, elle a été fidèle à cette destinée du parjure et de la trahison.

La réunion, à l'enseigne du Roi-Clovis, sur
laquelle on a plaisanté, à raison de sa gravité et
de son importance, prouve déjà combien il y
avait eu de conciliabules préparatoires, puisqu'on
s'y trouve assemblé pour entendre un discours
que l'auteur n'aurait point débité, et que les autres ne seraient point venus entendre si tout n'a-
vait pas déjà été concerté préalablement.

Ce n'est pas précisément détruire les argumens qu'on puise dans cette circonstance, que
de demander quelle opinion on peut avoir d'un
banquet où l'on ne servit que *du fromage*, et du
vin de Surène. S'il eût été servi chez l'aubergiste

Gaucherot des mets recherchés et des vins exquis, on vous eût dit, avec plus de raison, que les convives étaient des amis de la table et de la joie, et non pas ces conspirateurs dont César suspectait la sobriété. En rappelant que les complices d'Hénon et de Bories ont fait maigre chère à l'enseigne du Roi-Clovis, c'est avouer que le déjeuner n'était que le prétexte de la réunion; de cette réunion que rendent si mystérieuse, et la pièce isolée qu'on agrandit en enlevant une cloison, et le mélange de militaires et de bourgeois, attirés, non par le fumet d'un banquet agréable, mais par un discours séditieux.

Ce discours, vous a-t-on dit, ne serait, après tout, qu'une invitation à persister dans les principes de la charbonnerie; mais si vous admettez qu'Hénon pressant des militaires français d'imiter la révolte armée des troupes espagnoles; qu'Hénon, promettant, au nom de ceux qui l'envoyaient, des récompenses et des grades, n'agissait que conformément au pacte fédératif des *carbonari*, nous ne tarderons pas à nous entendre sur la définition de ce nom.

Si cette réunion, que les dépositions de deux témoins et les déclarations de cinq accusés ne permettent plus de contester, était le seul fait du procès, il ne caractériserait pas assurément un complot, et l'auteur du discours ne serait accusé que de proposition de complot, propo-

sition que rien ne prouverait avoir été agréée.
Mais si les faits qui précèdent et ceux qui vont
suivre démontrent que les individus qui ont entendu le discours, c'est-à-dire, la proposition,
l'ont formellement approuvé, l'ont secondé de
leurs sentimens, de leurs vœux, et ont agi ou
voulu agir de point en point selon ce discours,
il est évident qu'il y a eu proposition agréée, ou,
ce qui est la même chose, résolution concertée,
et qu'Hénon et Baradère sont complices de ce
complot, aux termes de l'article 60 du Code
pénal, puisqu'ils ont aidé au crime et donné des
instructions pour le commettre.

Nous ferons la même observation à l'égard de
l'entrevue du Palais-Royal, où Bories et Goubin
furent félicités par les factieux de ce que le 45e.
régiment était appelé prochainement aux honneurs de l'insurrection.

Nous raisonnerons de même à l'égard du dîner
d'Orléans, où Bories convoqua tous ses complices.
Si ce dîner était le seul fait de l'accusation ; si,
pour la première fois, ceux qui s'y trouvèrent
eussent entendu Bories leur dire que le régiment
n'irait pas jusqu'à La Rochelle, mais qu'à Ste.-
Maure on lèverait le drapeau de l'insurrection,
et l'on irait joindre les révoltés à Saumur, dont
la garnison était gagnée, ces coupables propos
ne pourraient pas faire transformer en conjurés
tous ceux qui les auraient entendus par hasard

ou involontairement. Mais lorsque la plupart de
ces derniers ont déjà été l'objet de pareilles confidences ; lorsque tous les jours ils se trouvaient
avec celui qui leur tint un si hardi langage ; lorsqu'ils furent initiés, par son entremise, dans
une secte où ils reçurent des poignards et firent
des sermens de mort, le repas d'Orléans ne peut
plus être considéré comme une agrégation for-
tuite d'élémens hétérogènes ; c'est un conciliabule de conjurés, que leur chef entretient des
nouvelles qui les intéressent. Et, en effet, veuillez
remarquer, Messieurs, que Bories ne prend pas,
avec ses convives, la formule dubitative ou inter-
rogative qui distingue la chose proposée de la
chose déjà convenue. Il ne leur dit pas : Voulez-
vous, lorsque nous serons à tel endroit, vous
joindre aux révoltés de Saumur ? il leur parle
comme à des gens qui, depuis long-temps, sont
d'accord, et avec lesquels il n'y a plus désormais
à discuter, mais seulement à agir.

On nous a demandé pourquoi plusieurs de ceux
qui assistaient, soit au déjeuner chez Gaucherot,
soit au dîner d'Orléans, ont été renvoyés de l'accusation, tandis que les autres figurent sur ces
bancs ; nous répondrons, non pour le besoin de
la cause, car que nous importent les arrêts ren-
dus ? mais pour satisfaire le défenseur qui, dit-il,
est très curieux d'entendre notre réplique sur ce
point ; nous répondrons que le fait isolé du dé-

jeuner au *Roi-Clovis*, ou du dîner à l'auberge de *la Fleur-de-Lys*, n'est pas à lui seul, comme nous l'avons déjà articulé, une preuve décisive et concluante; que s'il est vrai qu'on doive juger une conspiration, c'est-à-dire une résolution d'agir concertée et arrêtée sur une série de faits concordans, il y aurait par trop de rigueur à retenir dans les liens de l'accusation ceux à qui on ne peut reprocher qu'un de ces faits. Ceux qui ont simplement assisté à la réunion du *Roi-Clovis* sans y débiter de harangue séditieuse et qu'on ne voit plus dans aucun autre conciliabule; ceux qui ont simplement assisté au dîner d'Orléans, et qui n'apparaissent plus dans le complot, ni avant ni après, tels que Vivien, Giudrat, Cochet, Lecoq, Labouré, Perreton et autres, ont pu être renvoyés, à défaut de charges suffisantes, ou traduits devant vous pour le seul délit de non révélation, selon les indices plus ou moins graves de leur culpabilité sur ce point : mais ceux qu'on retrouve dans presque tous les conciliabules où se tramait la conspiration, ceux dont les propos, les discours, les actions sont d'accord avec les projets concertés et arrêtés entre eux, ceux-là sont de véritables conspirateurs.

Et d'abord si le complot dont il s'agit est, comme on n'en peut douter, un trait lancé de Paris vers La Rochelle; si la Vente militaire du 45e ré-

giment, que l'on voit conspirer à La Rochelle,
n'agissait qu'en conséquence de la résolution
concertée à Paris; Baradère, que Pommier et
Hénon désignent comme le président de la Vente
centrale, qui fut l'école de la corruption et la
source des moyens et des renseignemens tendant
au complot, doit être considéré comme le pré-
mier complice de ce complot, puisqu'il l'a préparé et facilité par des machinations et des instructions.

Hénon qui, sur les idées de Baradère, harangue les conjurés et les amorce par des déclamations et la promesse de récompenses, est
également complice du complot qu'il a préparé.

Quant à Bories, toutes les puissances oratoires
ne pourraient l'arracher à la vindicte publique,
et l'accusation persiste à voir, dans ce chef de la
Vente militaire, le plus coupable de tous les conjurés. On voudrait circonscrire son influence et
la faire à-la-fois naître et expirer au dîner
d'Orléans. Non, non! le crime de Bories ne
s'arrête pas là; il vient de plus loin et va plus
avant. N'est-ce donc pas lui qui a soufflé en quelque sorte l'esprit du carbonarisme sur une partie
de ce régiment, qui était tout entier si pur et si
fidèle? N'est-ce pas lui qui sortit du repaire de
cette association secrète avec des poignards
dont il arma ses adeptes? N'est-ce pas lui qui
allait chercher des ordres criminels dans cette
Vente centrale où Hénon l'a connu, où Pommier

l'a remplacé plusieurs fois ? N'est-ce pas à sa requête que Baradère et Hénon composèrent cette harangue prononcée par ce dernier, pour donner l'exemple et la dernière impulsion à des soldats parjures ? N'est-ce pas lui qui, peu de jours après, ainsi que le déclare Goubin, s'entretint au Palais-Royal avec plusieurs *Carbonári* sur l'insurrection prochaine et toutes les ressources des conjurés ? Voilà, voilà les faits qui tous doivent darder leur lumière foudroyante sur la réunion d'Orléans, où dès-lors Bories paraîtra ce qu'il était véritablement, un révolté donnant l'ordre du jour à ses complices, et leur apprenant que le moment de l'exécution approchait et qu'il recevrait bientôt ses dernières instructions.

On a cru répandre le doute et l'invraisemblance sur le discours que Bories a tenu dans cette réunion. S'il y en a, dit-on, qui avouent les propos dont parle l'accusation, il y en a qui ne les ont pas entendus. Nous répondrons que le plus grand nombre des convives les ont textuellement rapportés ; nous ajouterons que ceux qui entendent doivent être crus de préférence à ceux qui n'entendent pas ; car il peut se faire qu'on n'entende pas ce qui a été réellement proféré ; et nous ajouterons encore que ceux qui avouent, sont plus croyables que ceux qui nient. attendu que ces derniers ont un intérêt et que les autres n'en ont pas.

Ce qui démontre, s'est-on écrié, l'impossibilité des discours qu'on prête à Bories, c'est leur
invraisemblance. Comment aurait-il pu dire qu'il
s'agissait d'aller joindre les révoltés de Saumur
dont la garnison était gagnée, quand il n'était
pas encore question du complot de Saumur et
de l'insurrection qui n'a éclaté que plus de quinze
jours après? Mais c'est précisément un des plus
forts argumens de l'accusation! En effet, le plan
des conjurés était de s'emparer de Saumur, tous
les révoltés devaient se diriger vers ce point; et
voilà que ce plan qui n'est connu que des conjurés, ce plan, qui plus tard, en effet, s'est réalisé
en partie, est connu de Bories qui parle des révoltés de Saumur, dont la garnison est gagnée!
Qui lui donnait donc cette prescience? quels
avis secrets lui permettaient d'anticiper ainsi
les événemens, et de voir dans le présent ce
qui était encore dans les chances d'un avenir
invisible pour tout autre que pour un des initiés et des élus du carbonarime-conspirateur?

Mais pourquoi le défenseur n'a-t-il pas voulu
sortir d'Orléans? Son client l'attend sur la route
d'Orléans à La Rochelle; il l'attend à La Rochelle,
afin qu'il puisse expliquer une foule d'autres faits
cités par l'accusation et supprimés par la défense?

Bories quitte Orléans; il voyage près de son
confident Pommier, et ils s'entretiennent ensem-

ble de la conspiration, ainsi que le déclare ce
dernier. Il arrive à Tours, et dans le presseuti-
ment de la détention qu'il doit subir, en arrivant
à La Rochelle, par suite de la rixe qu'il a susci-
tée sur le pont d'Orléans, il veut mettre Goubin
en état de le remplacer activement comme chef
de la Vente militaire. De-là ses démarches près
de Massias. Que cet officier ait jugé à propos de
s'effacer de la conspiration, et qu'à raison des
traces débiles qu'il y a laissées, on ne puisse
l'atteindre aisément, Bories et Goubin n'en sont
pas moins coupables, si le croyant médiateur entre Paris et le 45e. régiment, ils vont le harceler
pour savoir s'il a reçu quelque chose de relatif à
la conspiration.

Arrivé à La Rochelle et dès que sa malle est
déchargée, il va en retirer..... *Quoi? dit-on, sont*
ce des papiers, quand le gardien Bolsingre est le
seul qui ait prononcé ce nom? Il va en retirer
peut-être des papiers, car rien n'est certain à cet
égard; mais du moins le petit carton qui contenait les lames de poignards et les fameuses cartes de reconnaissance, ces cartes découpées sans
lesquelles les conspirateurs et les émissaires du
comité ne pourraient communiquer ensemble,
Pommier et Goubin avouent les avoir reçues de
Bories; elles ont été trouvées dans les effets de
Goubin, et, chose remarquable, les débats du
procès de Poitiers prouvent qu'il en a été saisi

de semblables sur l'ex-général Berton et le colonel
Alix.

Qu'on ne dise donc plus que Bories était étranger au complot, puisqu'il était dans la prison de
Nantes lorsqu'on découvrit ce complot. Sa présence était perpétuée par ses instructions, par
ses discours, par les renseignemens qu'il avait
transmis, par les suppléans dont il avait fait
choix. Dans les réunions du 10 mars, au village de
Lafond, et dans les auberges du Soleil-d'Or et de
la Boule-d'Or à La Rochelle, c'était toujours son
esprit turbulent qui dominait, c'était l'impulsion
donnée par lui qui dirigeait encore ses complices. Il était là sous les traits de Goubin. Il parlait
par la voix des Pommier, des Raoulx et des Asnès. Si vous ne le présumiez pas auteur du complot qui, entrepris avant son arrestation, s'est
mûri postérieurement, il serait au moins considéré comme complice, car l'article 69 du Code
pénal qualifie de complices ceux qui ont donné
des instructions pour commettre le crime, ou qui
ont, avec connaissance, aidé ou assisté les auteurs
de l'action dans les faits qui l'auraient préparée
ou facilitée; et cet article ajoute : « même dans le
cas où le crime qui était l'objet des conspirateurs
ou des provocateurs n'aurait pas été commis. »
Cette définition s'applique à Bories avec une
exactitude inattaquable.

L'accusation a placé Goubin le second des

29

conjurés militaires; et malgré les efforts de la
défense, il a toujours gardé ce rang dans le crime.
Cette défense a été terminée par la lecture d'une
lettre touchante que Goubin aurait écrite à son
père, au mois de mai 1821, peu de jours après
son arrivée à Paris, et à l'occasion des fêtes qui
célébraient le baptême de Monseigneur le duc de
Bordeaux. Cette lettre, pleine de bons sentimens, prouve, ainsi que nous l'avons dit, qu'il
régnait un excellent esprit dans le 45e. régiment
lorsqu'il vint dans la capitale. Mais quelles réflexions pénibles doivent inspirer les protestations
d'amour et de fidélité qu'exprimait alors l'accusé
Goubin, à la vue de la famille royale, qu'il con-
templait au milieu du peuple et de l'armée sa-
luant la jeune espérance de la patrie! Eh quoi!
cette époque où les cœurs les plus insensibles
semblèrent enfin se résigner au miracle

Qui de David éteint rallumait le flambeau;

où tous les partis semblèrent un moment céder aux
volontés d'en haut, et rendre hommage à l'auguste
race contre laquelle ne pouvaient prévaloir ni les
attentats ni la mort, où les conspirateurs pâlissaient
à l'aspect du berceau que les braves consacraient
par leurs sermens de fidélité pour l'héritier
du sceptre de cent rois; cette époque, où l'enthousiasme avait confondu dans les mêmes trans-
ports tous les cœurs français, cette époque ne va

inspirer, à celui dont on vous a lu les lignes, qu'une émotion passagère et qu'un sentiment fugitif, que des expressions stériles et trop tôt démenties ! Oh ! trahison de la conscience et du cœur ! Le soldat qui avait admiré la veuve-mère couverte des crêpes d'un deuil sanglant, s'en va bientôt après dans le repaire des conspirateurs, et y reçoit un poignard ! Celui qui a vu le royal enfant briller comme l'étoile du salut, a pu se concerter ensuite avec des factieux pour renverser la dynastie des Bourbons ! Celui qui a vu son drapeau s'incliner devant le souverain qui nous donna la Charte, a crié *vive la constitution de* 91 ! Plus l'accusé Goubin est tombé de haut dans la conspiration, plus sa chute retentira dans ce procès.

Goubin est, nous le répétons, un des conjurés les plus zélés et les plus entreprenans.

Nous ne rappellerons pas les faits ; nous n'entrerons pas dans le détail de toutes les circonstances aggravantes, de tous les discours et les actes propres à chacun des accusés. Eh ! d'ailleurs les défenseurs eux-mêmes nous ont dispensé de ce soin, puisque ceux de Goubin, de Pommier, de Raoulx et d'Asnès, qui se sont trouvés à l'auberge du Lion-d'Or à Lafond, ont reconnu qu'en effet cette réunion avait eu lieu, et raisonnant même dans l'hypothèse de tout ce qui s'y est concerté, ils se sont bornés à vous plaider

en point de droit, que le projet arrêté de s'emparer des officiers et de les mettre à la tour, puis
d'arborer le drapeau tricolore, puis de suivre
le général des révoltés pour marcher sur ses pas
où il voudrait les conduire, ne constituerait,
après tout, qu'un délit isolé, que des propos séditieux, qu'une rébellion locale, ou plutôt qu'une
simple insubordination militaire.

Eh! quelle opinion aurions-nous donc de votre
discernement, si nous pouvions supposer nécessaire de réfuter ces hérésies judiciaires, ces sophismes intrépides qui insultent à la loi et à la
raison? Quoi! nous aurions pu douter de votre
sagacité et de l'instinct de vos consciences, au
point de ne pas croire inutile de vous démontrer
sérieusement qu'il y a complot tendant à changer le gouvernement, ou à exciter les citoyens
à s'armer contre l'autorité royale dans cette délibération du 10 mars, au village de Lafond, où les
conjurés opinèrent tour-à-tour sur les moyens
d'enlever le régiment, et de s'emparer des chefs,
et où il fut convenu, d'après l'entretien de Goubin
avec les émissaires de Paris, que le drapeau tricolore serait déployé pour se joindre aux révoltés
des lieux voisins, et se fédérer avec les villes
présumées en état d'insurrection? Et l'on vient
vous plaider, avec une assurance incompréhensible, qu'il n'y a là qu'un fait d'indiscipline,
qu'une tentative contre quelques officiers! Etait-

ce donc au préjudice de trois ou quatre officiers
qu'on voulait délivrer les galériens, et marcher
avec les chevaliers de la liberté, là où retentis-
sait la voix de la révolte, là d'où partaient les
ordres des émissaires du comité-directeur? Etait-
ce au préjudice de quelques officiers seulement
qu'on faisait flotter le drapeau tricolore, qui est
un manifeste expressif et une proclamation qui
dit tout; car le drapeau est l'emblème du gouvernement et de l'armée, c'est l'enseigne de la
patrie, en telle sorte que changer de drapeau
à main armée, c'est notifier violemment un
changement d'état; c'est vouloir substituer à ce
qui est, l'ordre de choses sous lequel régnait le
nouveau symbole qu'on invoque; et lorsqu'on
marche à l'ombre de ce signe ennemi, lorsqu'on le choisit pour insignes et point de ralliement, c'est à-la-fois attenter à l'autorité royale,
détruire le gouvernement, et exciter la guerre
civile.

Certes, nous le demanderions aux conspirateurs
les plus empressés de jouir, les plus exigeans en
fait d'attentats; une troupe décidée à renverser
de fond en comble un gouvernement, peut-elle
mieux débuter qu'en s'emparant du commandement, et en mettant au vent le drapeau du gouvernement opposé à celui qu'elle avait juré de
servir? Peut-elle faire davantage en commençant,
et serait-il raisonnable, lorqu'elle agit à cent-

vingt-huit lieues de la capitale, vouloir qu'elle
envahît en un seul jour le siége de l'autorité souveraine ?

Jamais un complot ne fut donc mieux carac-
térisé que celui qui a successivement été concerté
à l'auberge du village de Lafond, puis aux réunions de la Boule d'Or et au Soleil-d'Or, à La Rochelle; ces réunions qui seules prouveraient que
Goubin, Pommier, Raoulx, Asnès et Bicheron
ont délibéré, à plusieurs reprises, sur le complot, l'ont médité, concerté, arrêté; ces réunions
enfin qui, se liant aux conciliabules d'Orléans et
de Paris et à toutes les machinations du carbonarisme que nous avons révélées dans la discussion
des charges concernant chaque accusé, offrent
à-la-fois en elles-mêmes, ou dans leurs antécédens,
les plus évidens caractères d'une conspiration fixe
et déterminée. Le défenseur d'Asnès, non moins
sincère que ceux de Pommier, de Goubin et de
Raoulx, vous a dit qu'à la vérité il y aurait eu
danger, pour l'état, si les accusés avaient été arrêtés deux jours plus tard : c'est dire, en d'autres termes, que le complot doit être absous
parce qu'il n'a pas été suivi d'exécution, comme
s'il ne suffisait pas d'une résolution concertée et
arrêtée. Et ne verrez-vous pas encore une résolution de ce genre dans ces entrevues que Goubin
et Pommier conviennent avoir eues avec les émissaires de Paris, pour discuter ensemble les moyens

d'exécution et fixer l'époque du crime. On répond que ce ne serait là qu'un fait de nou révélation ; comme si celui qui conspire, qui est acteur dans le fait, pouvait être assimilé au tiers qui, sans participer au complot, en acquiert passivement la connaissance ?

Lorsque les défenseurs de Goubin, de Pommier, de Raoulx, d'Asnès, ont en quelque sorte reconnu la culpabilité de ces accusés, parce qu'ils s'étaient trouvés aux réunions décisives dès 10, 16 et 17 mars, où, sans parler des résolutions antérieures, le complot a été de nouveau concerté et arrêté, pourquoi donc le défenseur de Bicheron, qui s'est trouvé aux mêmes réunions, a-t-il joué avec la cause de son client, comme s'il était étranger à ce procès ? Que Bicheron ait quitté la blouse du pâtre pour l'uniforme du soldat, ce n'est pas là, comme on l'a cru, une preuve rigoureuse de l'innocence de cet accusé ; c'est aussi une erreur volontaire que de croire Bicheron sur ces bancs parce qu'il a porté une lettre dont il ignorait le contenu. Un fait plus grave, c'est d'avoir assisté aux réunions dont nous venons de parler. Que dit ici le défenseur ? Il dit que ses confrères ont prouvé que la réunion du 10 mars était innocente. Ainsi, Messieurs, remarquez la marche de la défense ; les défenseurs de Goubin, de Raoulx, d'Asnès, s'appliquent d'abord à faire considérer la résolution de s'emparer des chefs, et d'arborer

le drapeau tricolore, comme une simple mutinerie
soldatesque, et voilà que l'avocat qui leur succède
se croit dispensé de revenir sur ce fait, attendu
qu'on a prouvé qu'il était fort innocent. Ce n'est
pas là une défense; c'est une désertion de la défense. A la vérité l'avocat de Bicheron a cru devoir ajouter qu'au surplus Bicheron avait été placé
en sentinelle par ses camarades pour épier l'arrivée de Pommier, et qu'ainsi il ne put à la porte
de l'auberge avoir connaissance de ce qui s'est fait
dans l'intérieur : mais c'est une erreur démentie
par Bicheron lui-même, qui, dans son interrogatoire du 9 juin, s'exprime ainsi : « J'assistai le
» 10 mars à la réunion du Lion-d'Or, où l'on
» s'entretint du complot, où l'on délibéra sur ce
» qu'il fallait faire des officiers. On convint que
» les *Carbonari* se feraient reconnaître à la co-
» carde tricolore qu'ils auraient à leur schakos. »

Il résulte donc, Messieurs, de cette courte discussion, qu'il y a eu complot, puisqu'il y a eu résolution concertée et arrêtée. Nous terminerons en
répondant à deux dernières objections. La résolution, dit-on, n'était pas arrêtée, puisque d'une
part le jour n'était pas fixé, et que de l'autre rien
n'annonçait des préparatifs hostiles de la part des
militaires dont les sacs et les fusils n'étaient point
préparés.

Nous pourrions établir que le moment avait
été fixé d'abord pour la nuit du 17, puis différé

de trois jours à cause d'un incident imprévu.
Mais vous savez qu'un complot peut être fixé
sans qu'il y ait jour pris, car le choix du jour dé-
pend, soit d'une certaine opportunité, soit des
ordres d'un chef. Ne serait-il pas l'auteur d'un
complot celui qui prendrait toutes ses mesures
pour assassiner un Roi le premier jour où il irait
à la chasse, pour livrer une forteresse le jour où il
serait de garde à la porte principale? Dans ces
exemples et mille autres, il y a donc complot
bien qu'il n'y ait point jour déterminé. De même,
les conjurés de La Rochelle prêts et disposés à
agir, mais subordonnant l'instant de l'exécution
à une occasion favorable ou bien au dernier
signal d'un émissaire, n'en étaient pas moins
coupables d'une résolution bien concertée et bien
arrêtée.

Quant à l'absence des préparatifs, cette objection a déjà été réfutée lorsque nous avons dit
ailleurs qu'il ne s'agissait pas de calculer les
moyens des conspirateurs, ou de chercher un
commencement d'exécution; mais, dit on, leurs
fusils avaient des pierres de bois, et leurs sacs
n'étaient pas faits. Les accusés n'auraient pas osé
présenter une allégation, excusable sans doute
dans la bouche d'un avocat, étranger aux réglemens militaires. L'ordonnance du Roi du
15 mai 1818 servant de règlement sur le service
intérieur; la police et la discipline des troupes

30

d'infanterie, en vigueur dans toutes les casernes, porté article 239 : *Le sac de chaque homme est placé sur la première planche de son lit ; il est toujours fait et fermé de manière à pouvoir être chargé, et contient tous les effets ; sauf ce qui est d'un usage habituel.*

Le même article porte : *Les fusils sont placés à un râtelier d'armes ; le chien abattu et garni de sa pierre de bois.*

Comment les accusés auraient-ils pu, sans se trahir, changer ces dispositions habituelles, avant le contre-appel que M. l'adjudant-major Bourdillat avait annoncé pour dix heures du soir, le jour même où les accusés furent arrêtés ?

L'accusation a donc résisté aux efforts de la défense ; maintenant vous n'attendez pas de nous que nous reprenions chacun des points relatifs aux prévenus de non révélation. Leurs avocats se sont bornés à dire que pour révéler, il fallait qu'il y eût un complot ; puisque nous avons prouvé qu'il y avait complot, le premier de leurs argumens est détruit. Les prévenus ont-ils eu connaissance de ce complot ? Voilà ce qu'il n'est guère possible de contester ; car ceux qui ont assisté au dîner d'Orléans, ont déclaré positivement qu'ils savaient qu'il s'agissait de marcher sur Saumur pour joindre les révoltés. Perreton avait la promesse d'une sous-lieutenance ; Lefèvre, Castille, Dariot-Scq,

étaient à la réunion du 10 mars ; et s'il n'est
pas assez prouvé qu'ils ont pris une participation active au complot ; le seul fait de leur présence aux réunions diverses où il en a été question, constitue suffisamment le délit qui leur
est imputé.

Vous voyez, Messieurs les Jurés, quelle confiance nous avons dans vos religieux souvenirs,
puisque nous ne rentrons pas dans les faits et les
détails de l'accusation. Vous voyez quelle opinion
nous avons de votre jugement, puisque nous
croyons également inutile de réfuter cette foule
de doctrines erronées, d'assertions téméraires
dont la plus répréhensible est sans doute de présenter cette affaire comme une création du ministère public, et dont la plus innocente, parce qu'elle est aussi la plus naïve, est de vous
exhorter à ne pas irriter par des punitions les
hommes de parti qu'on pourrait rendre ainsi
fanatiques et dangereux. Un des défenseurs a
même pris sur lui de faire intervenir la patrie,
et de lui prêter un discours dans lequel elle vous
dit qu'elle punit quelquefois et ne frappe jamais ; que d'ailleurs les injures dont il s'agit lui
sont personnelles, et qu'en bonne mère elle en-
tend les pardonner. Vous remarquerez toutefois
que les injures personnelles de la patrie, qui
n'est que la personnification des intérêts collectifs,
ne sont guère que des injures communes à tous.

les citoyens. A quoi se réduisent toutes ces phra-
ses? A ce simple mot : *Laissez faire ceux qui
conspirent.* Voilà ce qu'on a dit dans toutes les
révolutions.

Il y a long-temps, Messieurs, qu'on se mêle
de faire parler la patrie, qui ne ratifie pas toujours ce langage sans aveu.

Un homme qui se croyait l'orateur de la patrie,
parce qu'il était le mandataire de la révolution,
un homme qui fut une des plus fortes puissances
de cette révolution, et qui voulut renverser la
société pour se venger de ses mépris, disait aussi
au nom de la patrie, et avec peut être plus d'éloquence encore que le défenseur du sergent-major Pommier, car cet homme était Mirabeau :
« Sire, la patrie vous conjure de n'avoir pour
garde que l'amour de 25 millions de Français,
l'autorité que les cœurs vous défèrent est la seule
pure, la seule inébranlable..... » Louis céda; il
écarta la force prête à comprimer la sédition;
bientôt désarmé et captif, il ne put se réfugier
dans les cieux qu'en y montant par des degrés
sanglans!.....

Les peuples sont comptables du malheur des
bons Rois. Il nous vint des philanthropes de 93 une
anarchie si terrible que le despotisme qui lui succéda nous parut libérateur; et lorsque par tant
de calamités expiatoires, nous avons reconquis
nos princes, voilà que la même bonté ramène la

même audace, qui réclame la même impunité, avec cette différence que nous joignons aux précédentes erreurs le mépris de l'expérience et l'oubli des leçons les plus mémorables. Quand donc cesserons nous enfin de nous laisser abuser par des doctrines vagues et débiles? Et nous aussi nous ferons parler la patrie, mais en lui attribuant le seul langage qui lui convienne, le langage de la loi, qui est l'expression de tous les citoyens. Cette loi vous dit de frapper les conspirateurs, autant pour les punir de leur crime qu'afin d'arrêter par l'effroi de ce châtiment tous ceux qui voudraient marcher sur leurs pas.

(Ici M. l'Avocat-général, de Marchangy, s'est tourné du côté de la Cour, et a prononcé le réquisitoire suivant.)

Messieurs,

C'est à vous qu'en finissant, nous devons nous adresser pour répondre par un réquisitoire à la communication des pièces que vous nous avez faite, communication qui, sans être inhérente à ce procès, s'y rattache néanmoins sous quelques rapports.

Il résulte des pièces dont nous avons pris connaissance, que le chef du jury a fait parvenir à M. le Président de la Cour d'assises, qui en a fait rédiger à l'instant un procès-verbal, des lettres nombreuses adressées à MM. les jurés.

Chacune de ces lettres portant le timbre de la poste, consiste en une liste imprimée des noms de ceux qui composent le jury appelé à prononcer dans cette affaire. Sur la plupart de ces lettres on a ajouté à la main ces mots sinistres : *Le sang veut du sang.*

Et comme si l'on craignait que des hommes fussent au-dessus de pareilles menaces, on a adressé des lettres semblables à leurs compagnes, espérant qu'un sexe plus faible serait plus facile à alarmer, et pourrait ébranler les consciences par ses terreurs, les amollir par des larmes, et jeter l'épouvante au milieu des devoirs par de tristes pressentimens. Et en cela même les lâches auteurs de ces méprisables écrits se sont trompés, car les femmes ont de la force au jour du péril, quand ce péril est honorable ; on les a vues en des temps de funeste mémoire réclamer comme un droit leur portion de dangers et leur place dans les fers et sur l'échafaud ; partout où il y avait de la gloire à mourir, ce sexe courageux eût rougi d'être épargné.

Le crime des assassins épistolaires que nous vous dénonçons doit exciter la vigilance de la justice. Il est prévu par l'article 305 qui punit quiconque aura menacé, par un écrit anonyme ou signé, d'assassinat, d'empoisonnement ou de tout autre attentat.

Puisse donc la justice saisir et dévoiler dans

leur turpitude et leur abjection, les vils auteurs de ces écrits clandestins, et paralyser la main qui trempa la plume dans le sang, et en fit l'émule du poignard ! Que les magistrats poursuivent cette machination nouvelle, qu'ils la poursuivent à la lueur des incendies qui ailleurs répandent l'effroi autour des jurés ; qu'ils la poursuivent à travers les clameurs, les vociférations qu'en d'autres lieux la révolte complice a poussées contre les tribunaux ! Paris où sont les modèles, où sont les chefs, où sont les héros de la conspiration générale, ne pouvait rester spectateur oisif de ces criminelles entreprises dirigées contre le sacerdoce judiciaire, pour l'effrayer dans son action et le paralyser dans ses devoirs. Tout ce qu'il renferme d'êtres impurs a tressailli à l'aspect de la justice prête à frapper des révoltés, et le trait lancé du milieu des ténèbres ne fait que démontrer encore davantage la solidarité d'une coalition immense.

Nous joignons, Messieurs, aux pièces que vous nous avez fait connaître, des lettres que M. le Préfet de police nous transmet, et qui lui ont été remises par ceux qui les avaient reçues ; elles sont semblables à celles dont il s'agit. Nous oublions de vous dire que trois lettres que nous déposons également sur votre bureau, nous ont été adressées à la date des 2 et 3 septembre, date remarquable et qui prouve combien cerfaines gens affectionnent certains anniversaires. Ces lettres contiennent également une liste imprimée des noms de MM. les Jurés. Au bas de l'une on trouve le mot *poignard*, au pied de l'autre on trouve celui de *mort*. La troisième contient, outre des menaces contre nous, des imprécations sacriléges et régicides que nous nous abstenons de publier. Enfin nous ajouterons qu'il est à notre connaissance que de pareilles lettres ont été sémées avec profusion dans certains cafés et à la Bourse, toujours dans l'intention évidente de répandre de l'inquiétude dans les esprits. Il est facile de remarquer, Messieurs, par la différence des caractères typographiques, que ces listes ont été tirées à plusieurs éditions, et que les mêmes personnes en ont reçu jusqu'à trois ou quatre exemplaires, ce qui démontre qu'il y a double emploi, et, par conséquent, une confusion de conjurés dans la distribution de ces imprimés.

Et cependant, Messieurs, bien que toutes ces lettres, qui doivent faire l'objet d'une instruction criminelle, aient été évidemment écrites par les conjurés que nous ne connaissons pas, au profit des conjurés que nous connaissons, ceux-ci n'en sont point les auteurs, et c'est sans doute un motif pour que cet incident n'ait aucune influence sur Messieurs les Jurés, alors même que leur générosité personnelle ne leur eût pas déjà dit de ne point faire entrer leur propre intérêt dans les motifs de leur détermination ; mais cette générosité ne peut pas aller non plus jusqu'à leur faire trahir la société, en leur persuadant qu'ils doivent être indulgens parce qu'ils sont offensés. Qu'ils prononcent donc en s'isolant de cet incident déplorable, auquel, nous le répétons, les accusés sont, sans doute, étrangers, bien qu'il soit indubitablement le résultat des manœuvres de leur parti, et qu'il puisse, sous ce rapport, ajouter une nouvelle page à l'histoire des *Carbonari.*

Vu les pièces à nous transmises par M. le président de la Cour d'assises, ensemble le procès-verbal par lui dressé à cet égard ; vu l'article 305 du Code pénal, nous requérons qu'il plaise à la Cour ordonner le dépôt desdites pièces au greffe, pour être procédé à une information légale.

Imprimerie Antne. BOUCHER, rue des Bons-Enfans, n°. 34.

LIBRAIRIE

Anth^me. BOUCHER, IMPRIMEUR-LIBRAIRE,

Rue des Bons-Enfants, N°. 34, a Paris.

Août 1822.

Anecdotes *à méditer*, broch. in - 8°.

Prix : 2 f., et 2 f. 3o c. franc de port.

Toutes les anecdotes que l'auteur a recueillies ont un rapport plus ou moins direct avec les circonstances dans lesquelles nous nous trouvons. C'est un véritable miroir historique.

Arindal *ou les Bardes*, suivi de Gélimer, ou le Héros Vandale, imité d'un roman de Mme. de Genlis ; du Voyageur à Clisson, de contes en vers, etc., etc. Essais de poésie, par Auguste Bernède, vol. in - 18.

Prix : beau papier, 2 fr. et 2 fr. 3o c. fr. de port : papier vélin, 4 f. et 4 f. 3o c. fr. de port.

Conservateur littéraire (Le), 3 vol. in-8°., chacun de 400 pages.

Prix : 15 f., et 20 f. par la poste.

Constant *et Discrète*, poëme en quatre chants, suivi de poésies diverses ; par le comte Gaspard de Pons. Broch. in-18.

Prix : 1 f. 25 c., et 1 f. 45 c. fr. de port.

Ce petit Poëme est un fort joli conte divisé en quatre parties, et suivi d'ode, d'élégie et d'épîtres. L'auteur, pour se garantir de la critique, se réfugie à l'ombre des lauriers qui fleurissent sur la tombe de Virgile et de son immortel traducteur.

Décadence *de la Marine Française*, ses causes et les moyens de l'arrêter ; par Ange P. Del.****** Vol. in-12, avec cette épigraphe :

> Puisqu'il le faut, nous n'épargnerons ni les hommes ni les choses.

Prix : 2 fr. 5o c., et 3 fr. par la poste.

Cet ouvrage tient tout ce qu'il promet ; l'indignation a mis la plume à la main de l'auteur, la modération l'a guidée, et l'impartialité a écrit.

Délassemens (Mes.), Recueil de contes, nouvelles, etc., tant en prose qu'en vers, et dont quelques-uns, tels que le *Savetier, Cécile ou la Veuve*, ont paru dans *l'Almanach des Muses* ; vol. in-16, beau papier.

Prix : 1 f. 25 c., et 1 f. 45 c. fr. de port.

Éléments *de l'histoire de la Littérature française jusqu'au milieu du 17e. siècle* ; par A. de Charbonnière, Chevalier de St.-Louis et de la légion-d'honneur, vol. in-8°.

Prix : 4 f., et 5 f. 5o c. franc de port.

Ce volume, rempli de goût et d'instruction, est consacré à l'histoire des lettres jusqu'au règne de Louis XIV. Le public a accueilli avec une grande faveur cette nouvelle et dernière production d'un critique éclairé, d'un écrivain spirituel, enlevé trop tôt à la littérature.

Essais *sur la Théorie des atmosphères*, et sur l'accord qu'elle tend à établir entre les systèmes de Descartes et de Newton, et entre les phénomènes de l'astronomie, de la physique et de la chimie, tels qu'ils sont décrits dans les ouvrages modernes, spécialement dans l'*Exposition du système du monde*, de M. le Comte Delaplace, et dans la *Statique chimique*, de M. le Comte Bertollet ;

Commencés en 1788 et en 1789, par le père Lefranc, de la congrégation des Pères de la Doctrine Chrétienne , Professeur de philosophie et de mathématiques aux colléges de Chaumont, d'Avalon et de Saint-Omer ;

Continués et publiés par M. L'abbé Lefranc, son frère et son élève, aumônier de l'hospice de mendicité de Villers-Cotterets ;

Precédés d'une Notice sur le père Lefranc, par un de ses élèves, vol. in-8º., br.

Prix : 4 f., et 5 f. franc de port.

Ce livre, par sa nature, n'intéresse essentiellement que les savants ; mais aussi n'est-il pas un savant qui ne doive le lire à cause des vues aussi neuves que profondes qu'il renferme.

ESSAI sur l'Esprit de Conversation et sur quelques moyens de l'acquérir, par M. P. H. Durzy, conseiller à la Cour royale d'Orléans. Vol. in-8º., seconde édition.

Prix : 2 f. 50 c., et 3 f. 50 c. par la poste.

Traité complet de l'art si précieux d'être toujours aimable et spirituel, sur lequel on n'avait encore écrit que des fragments épars. Cet ouvrage intéresse toutes les classes de lecteurs sans exception. Il avait mérité à son auteur, dont le caractère s'y peignait tout entier, de nombreux amis auxquels il vient d'être enlevé par une mort prématurée.

HISTOIRE des Croisades, par M. Michaud, de l'Académie française, 7 vol. in-8º. avec cartes.

Prix : 49 fr., et 64 fr. par la poste.

Nous croirions faire injure à nos lecteurs en leur recommandant cet excellent ouvrage d'un de nos Académiciens les plus distingués. L'accueil que le public a fait à l'Histoire des Croisades en a depuis long-temps assuré le succès ; notre cadre ne suffirait pas pour rapporter tous les justes éloges qu'a reçus et que reçoit chaque jour cet important ouvrage, dont les 4 derniers volumes viennent de paraître.

JARDINISTE moderne (Le), guide des propriétaires qui s'occupent de la composition de leurs jardins ou de l'embellissement de leur campagne ; par M. Viart, propriétaire et créateur des jardins pittoresques (ou parc) de Brunehaut ; vol. in-12, avec une belle gravure représentant un vallon dans le parc de Brunehaut.

Prix : 3 fr., et 3 fr. 50 c. franc de port.

L'auteur, en développant avec méthode dans le Jardiniste moderne, les principes de l'art des jardins pittoresques, et y ajoutant quelques observations pratiques sur leur composition (réunissant ainsi les exemples aux préceptes), a donné les moyens de rectifier ou prévenir, pour de nouvelles entreprises, des erreurs souvent très nuisibles à la fortune et aux jouissances des propriétaires.

Le succès de son ouvrage, dans un temps où les esprits sont tout entiers à la politique, prouve qu'il était impossible de mieux s'y prendre pour atteindre à son but.

MARIE STUARD, reine d'Écosse, tragédie en cinq actes.

Prix : 2 f. 50 cent., et 3 f. par la poste.

Il y a plus de trente ans que cette tragédie a été reçue unanimement au Théâtre-Français !...

Nous avons sous presse en ce moment quatre volumes, dont trois de poésie, et un de divers morceaux d'éloquence, fruit des loisirs de toute la vie du même auteur. Nourri à l'école des grands modèles, il a conservé leur inaltérable pureté, et a su, comme eux, trouver la force dans les limites de l'art, sans les franchir inconsidérément, à l'exemple de ceux qui ne pouvant atteindre le vrai beau, se sont abandonnés à la fougue déréglée de leur imagination.

MÉMOIRES de la maison de Condé, imprimés sur les manuscrits autographes et d'après l'autorisation de S. A. R. Monseigneur le duc de Bourbon, contenant la vie du Grand-Condé, écrite par feu Mgr. le prince de Condé, la correspondance de ce Prince avec toutes les familles royales de l'Europe, depuis 1789 jusqu'en 1814 ; seconde édition, 2 vol. in-8º., avec 40 lettres entières en fac simile, deux beaux portraits, l'un du Grand Condé, et l'autre de feu Mgr. le prince de Condé.

Prix : beau papier, 12 f., et 14 f. 50 c. par la poste.

Il n'est pas nécessaire, d'après le titre de ces Mémoires, d'insister sur l'immense intérêt qu'ils présentent. La première édition a été rapidement épuisée, et celle-ci touche à sa fin.

MÉTHODE pour étudier la langue latine, rédigée sur un nouveau plan et d'après les principes des meilleurs grammairiens ; par P. J. A. Le Prince, professeur élémentaire au collége royal de Versailles.

Prix : 1 fr. 50 c., et 1 fr. 80 c. par la poste.

Cette méthode est remarquable par sa concision, et renferme, dans un cadre très resserré, tout ce que les grammairiens célèbres nous offrent de plus essentiel.

Mort (La) *du duc de Berri*, poëme à S. A. R. madame la duchesse de Berri; par le marquis de Coriolis d'Espinouse. Broch. in-8º.

Prix: 75 c., et 85 c. par la poste.

Moyens *de crédit public*, en donnant aux biens dits nationaux la valeur des biens patrimoniaux, d'après les principes consacrés par les chambres, et développés dans une proposition de M. le duc de Tarente, pair de France; ou *Système général d'indemnités*, évaluées à 15 ou 20 millions par année, dont l'état sera dédommagé par l'augmentation du produit des droits de mutation, et l'amélioration du crédit public, pour dotations perdues et biens de famille vendus comme nationaux.

Prix: 1 f. et 1 f. 15 c. franc de port.

Négociations *diplomatiques et politiques du président Jeannin*, ambassadeur et ministre de France sous François II, Henri IV et Louis XIII inclusivement; ornées du portrait de ce grand homme et suivies de ses Œuvres mêlées: 3 vol. in-8º. Le prix de cet ouvrage broché avait été fixé primitivement à 21 fr. pap. fin, et à 42 fr. pap. vélin; mais une transaction entre l'imprimeur et les éditeurs, permet en ce moment de réduire les anciens prix; savoir:

Papier fin, 15 fr.; papier vélin, 30 fr.

Il faut ajouter 2 fr. de plus par volume, pour le port franc.

« Henri IV trouva des hommes capables
» de le seconder; nul, après Sully, ne servit
» mieux l'Etat que le président Jeannin,
» dont les *Négociations diplomatiques*, éla-
» guées avec discernement, viennent d'être
» réimprimées. Cet ouvrage est trop connu,
» trop nécessaire à toutes les bibliothèques
» des gens de lettres, pour que nos lecteurs
» attendent de nous, soit un extrait, soit un
» éloge. Il commençait à manquer. Nous
» devons donc une véritable reconnaissance
» à M. le chevalier Jeannin et à M. Labreli
» de Fontaine, co-éditeurs, qui nous ont
» donné une nouvelle édition parfaitement
» imprimée et qui fait honneur aux presses
» de M. Boucher.

» On sait que les négociations dont il s'agit
» dans ces volumes sont celles qui ont précédé
» la longue trève signée en 1609, entre l'Es-
» pagne et les Provinces-Unies. L'intérêt de
» l'époque ajoute un nouvel intérêt à l'ou-
» vrage. Le premier volume offre surtout de
» grands sujets de méditation à l'historien

» dans les diverses instructions données par
» Henri IV à ses ministres. La pièce la plus
» curieuse est, sans contredit, l'instruction
» dressée par les archiducs. Il est assez sur-
» prenant qu'on la trouve parmi celles que
» renferme ce volume, et nous regretons
» de ne pas savoir comment elle est tombée
» entre les mains du président Jeannin.

» On trouve dans cet ouvrage un très
» grand nombre de lettres au président
» Jeannin, écrites par Henri IV lui-même,
» et dans lesquelles ce parfait modèle des
» bons rois ne développe pas moins de talens
» comme négociateur, qu'il n'en a montré
» dans toutes les occasions comme guerrier.
» L'habileté, la prévoyance, une connais-
» sance parfaite des hommes, une loyauté,
» une fermeté, une franchise, une générosité
» et une grandeur d'ame inépuisables, voilà
» ce que l'on ne cesse d'admirer dans cette
» série de lettres, monument à jamais glo-
» rieux et précieux pour la France. » (*Ex-
trait des Journaux*.) Le Roi, les Princes, les Ambassadeurs étrangers, les Ministres de Sa Majesté, ont souscrit avec empressement pour un certain nombre d'exemplaires de cet ouvrage.

Notice historique sur la situation actuelle des Pères Gardiens du Saint-Sépulcre, et des Catholiques de la Judée; suivie du plan d'une Souscription libre et volontaire, pour venir au secours des établissements religieux de Terre-Sainte, autorisée par une décision de S. M. T. C. Louis XVIII, roi de France.

Et erit Sepulcrum ejus gloriosum.
Isaï., Ch. 11, v. 10.

Cette Notice se vend au profit de la Terre-Sainte.

OEUVRES DE M. D'EGVILLY.

Nouvelle épitre *à Rollin sur l'enseignement mutuel*, envoyée au concours académique, précédée d'une Epitre aux jeunes politiques, par A. d'Egvilly, broch. in-8º.

Prix: 75 cent., et 85 cent. par la poste.

Nuits françaises *sur l'attentat du 13 février 1820*, suivies d'une Elégie sur la mort de S. A. R. le duc de Berri; par A. d'Egvilly. Broch. in-8º.

Prix: 1 fr., et 1 fr. 15 c. par la poste.

Lettres *sur quelques Sessions de la Chambre des Députés, adressées à la Marquise de.... au château de.....*

Vol. in-18. de plus de 200 pages.

Description de la salle, côté droit, côté gauche, ventre. — Mots nouveaux, libéralisme, indépendance, fidélité, charte, gloire, etc. — Séances principales de la Chambre, expulsion de G.... — Bataille complète des élections. — Lois de censure, liberté individuelle. — Troubles de juin, etc., etc. Voilà les points principaux que contiennent ces *Lettres*, écrites en vers de dix syllabes.

Des Notes rétablissent le texte de quelques discours prononcés à la tribune, et que l'on croirait parodiés, s'ils n'étaient accompagnés de cette note justificative.

Facilité, finesse, élégance, raillerie spirituelle et piquante : voilà ce que l'on trouve dans les poésies de M. d'Egvilly; en quelque temps que ce soit, on les lira toujours avec plaisir.

OEUVRES DRAMATIQUES
DE M. LE CHEVALIER DE FONVIELLE.

Louis XVI ou *l'École des Peuples*, tragédie en cinq actes. Prix : 4 f. 50 c. — *Diomédon* ou *le Pouvoir des Lois*, idem : 2 f. 50 c. — *Théodebert* ou *la Régence de Brunehaut*, idem : 3 f. 50 c. — *Annibal*, idem : 3 f. 50 c. — *Arthur*, idem : 3 f. 50 c. — *Sapho* ou *le Saut de Leucate*, tragédie lyrique en trois actes : 2 f. 50 c. — *Hélène*, idem : 3 f. — *Le Mauvais Joueur*, comédie en trois actes et un, dédiée à MM. les rédacteurs du *Miroir* : 4 f. 50.

Le prix de ces huit ouvrages, dont il ne reste plus qu'un petit nombre d'exemplaires, est réduit à 22 fr. pour les personnes qui demanderont la collection entière.

OEUVRES DE M. GOUPIL.

DIALOGUE *sur la Charte*, entre le maire d'une petite ville et celui d'un village voisin; par M. le chevalier Goupil, br. in-8º.

Prix : 2 f., et 2 f. 30 c. franc de port.

La Charte! mot souvent répété, souvent invoqué, et cependant bien peu compris du grand nombre. Le dialogue de M. Goupil est un cours à la portée de tout le monde, pour apprendre à connaître véritablement la Charte.

Les hommes du jour, ou *Coup-d'œil sur les caractères et les mœurs de ce siècle*, précédé de réflexions critiques sur leurs causes productrices. Vol. in-8º.

Prix : 6 fr. et 8 fr. par la poste.

Voilà une galerie de portraits, dont quel-

ques-uns sont d'une telle ressemblance, que quoique l'auteur n'ait nommé personne, on lui a reproché la trop grande vérité de ses couleurs; il a prononcé sur les hommes du jour qu'il a peints le jugement de la postérité.

RÉFLEXIONS *sur les Doctrines et principes des* XVIIIᵉ *et* XIXᵉ *siècles*; par M. Claude-Antoine Goupil, maire de Nemours, chevalier de l'ordre royal de la légion-d'honneur, auteur du *Dialogue sur la Charte* et de l'article suivant, en réponse à M. Aignan, vol. in-8º.

Prix : 2 fr. 25 c., et 2 fr. 75 c. fr. de port.

RÉFLEXIONS *de M. Aignan sur le Dialogue sur la Charte* entre le maire d'une petite ville et celui d'un village voisin, ouvrage de M. Goupil, maire de Nemours, chevalier de l'ordre royal de la légion-d'honneur, suivies de la réponse de l'auteur; broch. in-8º.

Prix : 75 c., et 85 c. franc de port.

OEUVRES DE MM. HUGO.

MM. Hugo ont débuté avec tant de succès dans la littérature, que nous indiquerons leurs ouvrages sans aucune note.

DESTINS (Les) *de la Vendée*, Ode; par V.-M. Hugo.

Prix : 75 c., et 80 c. franc de port.

Ode sur la Naissance de S. A. R. Mgr. le duc de Bordeaux, suivie d'une ODE *sur la mort de S. A. R. Charles-Ferdinand d'Artois, duc de Berri, fils de France*; par Victor-Marie Hugo, de l'académie des Jeux-Floraux. Paris, in-8º.

Prix : 1 fr., et 1 fr. 10 c. par la poste.

Ode sur le Baptême de S. A. R. Mgr. le duc de Bordeaux; par le même, in-8º.

Prix : 75 cent., et 80 cent. par la poste.

Cette ode a été lue le 3 mai à la séance de la société des Bonnes-Lettres, présidée par M. le vicomte de Châteaubriand, et a obtenu les suffrages les plus honorables.

Le Télégraphe, Satire; par V.-M. Hugo, avec cette épigraphe :

> « Ici des machines qui parlent,
> là des bêtes qu'on adore. »

Broch. in-8º. Prix : 75 c. et 80 c. franc de port.

ROMANCES HISTORIQUES, traduites de l'espagnol; par A. Hugo, vol. in-12.

Prix : 4 f. Papier vélin, 8 f.

ROMANCERO e *Historia del Rey don Rodrigo*, etc. Vol. in-12, papier vélin.

Prix : 3 f., et 3 fr. 25 c. par la poste.

OEUVRES DE M. SAPINAUD DE BOIS-HUGUET, CHEVALIER DE ST.-LOUIS.

Élégies vendéennes, dédiées à Mme. la marquise de La Rochejaquelin, brochure.

Prix : 2 fr., et 3 fr. papier vélin.

Ces Élégies sont accompagnées de notices aussi intéressantes que les devait faire un acteur qui peut dire : *Quæquæ..... vidi, et quorum pars magna fui.*

Le Cimetière, et *le printemps* de Gray, traduits par le même, avec le texte anglais du Cimetière, en regard de la traduction.

Prix : 75 c.

Ces Poésies sont de l'auteur de la traduction en vers français des *Psaumes*. Le bel éloge que vient d'en faire tout récemment le *Journal des Débats*, nous dispense de recommander la lecture des autres poésies de M. le chevalier Sapinaud.

OEUVRES DE M. DE VALORI.

MOUCHERON (Le), poëme de Virgile, traduit en vers français, enrichi du texte latin du cardinal Bembo, et de son dialogue à Hercule Strozzi ; suivi des imitations poétiques de Parmindo, Spencer et Voss, accompagnées des commentaires de Jos. Scaliger, Burmann et Heyne, avec le *Culex probabiliter restitutus* de ce dernier, et des notes du traducteur-éditeur. Par M. le comte de Valori, chevalier de l'ordre de Saint-Jean de Jérusalem. Vol. grand in-18, orné d'une jolie gravure.

Prix : 3 fr., et 3 fr. 50 c. par la poste.

ODES *choisies*, précédées d'un discours sur la poésie et les poètes lyriques anciens et modernes ; par M. le comte de Valori ; vol. in-8º.

Prix : 3 f., et 3 f. 60 c. franc de port.

Un grand nombre des odes de M. de Valori ne seraient pas désavouées par nos plus grands poètes lyriques. Citation :

La vie humaine, Albin, comme un torrent s'écoule,
Et des fastes dorés
N'empêchent pas les rois d'aller grossir la foule
Des mortels ignorés.
L'art en vain décora d'attributs funéraires
Leur dernière prison ;
En vain l'autel pompeux de leurs mânes vulgaires
Porte un double écusson.
Oui, le nom de ces rois inconnus dans leur âge
Et morts sans envieux,
Dans le Léthé s'enfonce, et jamais ne surnage
Sur ses flots oublieux.

OEUVRES D'HORACE, *traduites par MM.* CAMPENON, *de l'Académie française*, et DESPRÉS, *Conseiller honoraire de l'Université* ; accompagnées du *Commentaire de l'abbé Galiani* ; précédées d'un *Essai sur la vie et les écrits d'Horace*, et de *Recherches sur sa maison de campagne*, avec le texte en regard ; 2 vol. in-8º.

Prix : papier fin, 12 fr. — Vélin, 24 fr., et 27 fr. 50 cent. par la poste.

Ce livre déjà si recommandable par le nom des auteurs qui y ont travaillé, a été compris par le conseil d'instruction publique au nombre de ceux qui se donneront en prix.

PETIT TABLEAU *de Paris*, par Mme. DE SARTORY, auteur du *Duc de Lauzun*, de *Mlle. de Luynes*, des *Mémoires historiques sur Monseigneur le Duc de Berri*, etc., etc., etc. ; 3 vol. in-12.

Prix : 9 fr. ; le tome 3º. séparément, 5 fr.

Nous ne rapporterons que cette phrase des éloges prodigués à ce charmant ouvrage. On a dit du *Tableau* de MERCIER qu'il était puisé dans la rue et écrit sur la borne ; celui de Mme. DE SARTORY a été observé d'un salon, et peint dans un boudoir, etc., etc. (*Journal des Débats* du lundi 6 avril 1818.)

SIX CHAPITRES *de l'histoire du citoyen Benjamin - Quichotte de la Manche*, traduits de l'Espagnol et mis en lumière par M. B***. vol. in-18, avec une jolie gravure.

Prix : 1 fr. 80 c., et 2 fr. par la poste.

L'arme du ridicule est de toutes la plus tranchante. On voit dans cet opuscule comment a su la manier l'un de nos poètes les plus gracieux, contre les géants du parti libéral.

TABLEAU *historique, géographique et politique de la Valachie et de la Moldavie*, ou *Description détaillée du théâtre de la guerre actuelle entre la Porte Ottomane et les Grecs*, etc. ; auquel on a joint les principaux traités entre la Russie et la Porte Ottomane, et notamment ceux de Kainardgik (1774), d'Yassy (1792), et de Buckarest (1812) ; avec une Explication historique du Nizam-Y-Gedid, et des remarques curieuses sur cette institution, décrite par Tschelebi - Effendi, l'un des principaux dignitaires de l'Empire ottoman, conseiller-ministre d'État, etc., traduite du manuscrit original turc, orné d'une carte géographique, extraite de la grande carte de Russie en 104 feuilles, faite de 1801 à 1804, par ordre de S. M. l'empereur Alexandre, et collationnée et corrigée d'après une carte manuscrite en 6 feuilles, etc.

Par W. Wilkinson, écuyer, ancien consul-général d'Angleterre à Buckarest; traduit de l'anglais par M....., chevalier de la Légion-d'honneur, l'un des rédacteurs de la *Biographie universelle*.

Prix : 5 fr. et 6 fr. 20 c. par la poste.

« *Dobbiamo considerare queste due provincie, Vallachia e Moldavia a guisa di due navi in un mar' tempestoso, dove rare volte si gode la tranquillità e la calma.* » (*Delchiaro, revoluzione di Vallachia.*)

Les principautés de Valachie et de Moldavie fixent aujourd'hui l'attention de toute l'Europe; elles ont été le premier théâtre de l'insurrection des Grecs contre la Porte-Ottomane, après avoir, pendant près d'un siècle, servi de champ de bataille aux Russes, aux Autrichiens et aux Turcs.

Il n'existait pas encore d'ouvrage qui fît connaître ces pays, si curieux sous tous les rapports, d'une manière satisfaisante. M. Wilkinson, que sa qualité de consul-général d'Angleterre, et un séjour de plusieurs années dans ces principautés, ont mis à portée de faire d'excellentes observations et de puiser dans les meilleures sources, s'est chargé de remplir cette lacune. Il ne s'est pas borné à donner la description de ces pays, et à peindre d'une manière piquante les mœurs et les coutumes de ses habitants; il a tracé en outre leur histoire depuis la première irruption des Daces, anciens habitants de ces deux provinces sur le territoire de l'Empire romain, jusqu'à la fuite du Vaivode Karadja en 1818; les changements successifs qu'a éprouvés la forme de leur gouvernement; tout ce qui a rapport à la population, aux revenus, à l'agriculture, au commerce, etc., a été l'objet de ses investigations. Il a terminé son ouvrage par des observations générales sur la situation politique de ces deux principautés, et par un appendix où il a cru devoir insérer une explication historique du Nizam-Y.-Gedid, ou règlement sur les troupes armées à l'européenne, qu'on doit à Tshelebi-Effendi, l'un des principaux dignitaires de l'Empire ottoman. Cette explication historique, traduite sur le manuscrit original turc, voit le jour pour la première fois.

On y a ajouté une carte de la Valachie et de la Moldavie, extraite de la grande carte de Russie, en 104 feuilles, faite de 1801 à 1804, par ordre de S. M. l'empereur Alexandre, dont la lettre est en caractères russes, collationnée avec la carte de la partie septentrionale de l'empire ottoman, par Rizzi-Zanoni, et une carte en 6 feuilles de l'empire russe, faite par ordre de l'académie impériale de St.-Pétersbourg, et corrigée d'après une carte manuscrite qui nous a été communiquée, ainsi que les principaux traités entre la Russie et la Porte-Ottomane, qui fixent les rapports existants entre ces deux puissances, et font connaître le motif sur lequel peut se fonder la Russie pour intervenir dans les affaires de la Moldavie et de la Valachie.

Ces deux derniers traités n'ont pas encore été traduits en français.

TRAITÉ *élémentaire d'arithmétique*, utile aux personnes qui enseignent et à celles qui étudient cette science; par M. B. G***. 2 vol. in-8°.

Prix : 5 fr., et 6 fr. 50 c. franc de port.

Les journaux ont donné les plus grands éloges à cet ouvrage qui vient de paraître; il est impossible d'en mettre un meilleur et plus utile entre les mains des jeunes gens qui veulent étudier l'arithmétique.

TRÉSOR (Le) *du cultivateur*, ou le Moyen d'augmenter les richesses du laboureur en améliorant la culture des terres, et quelques branches précieuses d'économie rurale, à la portée et pour servir à l'instruction des habitants des campagnes; publié sur l'invitation du Conseil d'agriculture près le ministère de l'intérieur, par A. Lemercier, propriétaire-cultivateur; vol. in-12.

Prix : 1 fr. 25 c., et 1 fr. 85 c. franc de port.

VOYAGE en *Amérique, en Italie, en Sicile et en Egypte pendant les années* 1816, 1817, 1818 *et* 1819; par Ed. de Montulé, chevalier de l'ordre royal de la Légion-d'honneur, avec cette épigraphe :

Plus je vis d'étrangers, plus j'aimai ma patrie.
(DE BELLOY.)

2 vol. in-8°., avec atlas. Prix : 32 fr.

OUVRAGES SOUS PRESSE,

Et dont on peut faire la demande en ce moment, pour être servi à l'époque de la publication.

Sur les Fonctions du Cerveau et sur celles de chacune de ses parties, avec des observations sur la possibilité de reconnaître les instincts, les penchants, les talents, ou les dispositions morales et intellectuelles des hommes et des animaux, par la configuration de leur cerveau et de leur tête.

Par F. J. GALL.

6 vol. in-8°. de 400 à 500 pages chacun.

Conditions de la Souscription.

Les deux premiers volumes de cette édition paraîtront à la fin d'août 1822, et les quatre autres de deux mois en deux mois.

Le prix de chaque volume sera de 6 fr. pour les personnes qui souscriront avant le 31 août de cette année, pour Paris, et avant le 30 septembre, pour les départements. Passé cette époque, le prix sera de 7 fr.

On paiera 1 fr. 50 c. pour le port franc de chaque volume, pour la France; et 3 fr. pour l'étranger.

Il y aura un petit nombre d'exemplaires en papier vélin, dont le prix sera le double.

Grammaire française, par Alexandre, professeur de langues; grand in-12.

Prix: 1 fr. 25 c., et 1 fr. 50 c. franc de port.

En publiant cet ouvrage, l'auteur fait à-la-fois preuve de courage et de talent; il ose entreprendre de faire disparaître de la langue une foule d'irrégularités et d'exceptions dont on se plaint chaque jour; il n'ignore pas à combien de contradictions expose toute innovation, quelque bonne qu'elle soit; mais il est persuadé que la justesse des règles qu'il établit triomphera de l'aveugle tyrannie de l'usage, et qu'elles finiront par recevoir la sanction de l'Académie.

Prænestina, seu sortis Dea, poëme, avec la traduction en vers français, en regard du texte latin.

Broch. in-18, papier superfin satiné.

Prix: 1 fr. 20 c., et 1 fr. 50 c. franc de port.

OEUVRES POÉTIQUES
DE M. LE CHEVALIER DE FABROT.

Epistola ad regem christianissimum Ludovicum XVIII, avec la traduction en regard du texte latin.

Broch. in-18, papier superfin satiné.

Prix: 1 fr. 20 c., et 1 fr. 50 c. franc de port.

Felicitatis viæ, poëma gallicæ juventuti oblatum.—Les Voies du bonheur, poëme adressé à la jeunesse française. La traduction en regard du texte latin.

Broch. in-8°., papier superfin satiné.

Prix: 1 fr. 20 c., et 1 fr. 50 c. franc de port.

M. le chevalier de Fabrot, jeté par l'orage de la révolution dans les terres étrangères, n'a trouvé de ressources et de consolations que dans le culte des muses; il s'y est voué tout entier, quoiqu'il eût été jusque-là élevé dans le tumulte des camps. Les brochures que nous publions n'honorent pas moins son esprit que son cœur. En lisant ses vers latins on est quelquefois tenté de se demander comment l'éloge du roi Louis XVIII a pu se trouver dans la bouche d'un contemporain d'Horace et de Virgile.

OEUVRES DE M. DOIGNY.

Voir la note à la suite de MARIE STUARD, page 2.

FEUILLES PÉRIODIQUES

Qui s'impriment rue des Bons-Enfants, N°. 34, chez ANTHELME BOUCHER, *Imprimeur de la Quotidienne.*

LA QUOTIDIENNE.

Le prix de l'abonnement est de 18 fr. pour 3 mois, 36 fr. pour 6 mois, et 72 fr. pour l'année.

L'ALBUM, petit journal des mœurs, des arts, des modes, qui paraît les 5, 10, 15, 20, 25 et 30 de chaque mois, avec une gravure.

Le prix est de 10 fr. pour 3 mois, 20 fr. pour 6 mois, et 40 fr. pour l'année, plus 4 fr. par la poste.

Ce journal donne le premier les nouvelles des académies, des voyages scientifiques. Sous un titre frivole, il cache de la philosophie et fait de la saine morale. Il tient les dames au courant de tout ce qui apparaît en fait de robes nouvelles et de chapeaux distingués. Ses gravures sont variées: il donne successivement des figures, des oiseaux, des fleurs, des paysages, des monuments, et les auteurs ont fait preuve, dans ceux de leurs numéros qui ont paru, d'un zèle, d'un goût et d'une impartialité qui sont tout-à-fait dignes de remarque.

GALIGNANI'S MESSENGER, *journal anglais quotidien.*

Ce journal, imprimé sur trois colonnes par page, paraît tous les jours, excepté le dimanche, et donne des extraits impartiaux de tous les journaux anglais, les débats du parlement d'Angleterre, les nouvelles françaises, les séances de la Chambre des Pairs et des députés, les nouvelles étrangères, comprenant la correspondance particulière des voyageurs anglais sur tous les points du continent.

Le prix de l'abonnement est de 9 fr. 50 c. par mois, 25 fr. pour trois mois, 46 fr. pour six mois, et 88 fr. pour l'année, franc de port.

On peut faire insérer, dans le susdit journal, toutes sortes d'annonces et avis.

GALIGNANI'S LITERARY GAZETTE, *journal de Littérature anglaise, paraissant tous les Dimanches.*

Le *Repertory* donne régulièrement la liste de tous les ouvrages qui paraissent en Angleterre, l'analyse des principaux qui ont rapport aux arts, aux sciences, à l'histoire, à la biographie, à l'agriculture, au commerce, à la chimie, à la physique, à la médecine et aux arts mécaniques; mélanges de littérature, découvertes, recherches philosophiques, économie rurale, brevets d'inventions, etc., etc.

Le prix de l'abonnement est de 13 fr. pour trois mois, 22 fr. pour six mois, et 40 fr. pour l'année.

Le bureau de ces deux journaux est aussi rue Vivienne, n°. 18.

TABLETTES UNIVERSELLES, *ou Répertoire des événements, des nouvelles, et de tout ce qui concerne l'histoire, les sciences, la littérature et les arts, avec une bibliographie générale.*

Les *Tablettes universelles* embrassent tous les événemens, toutes les nouvelles, résument tout ce qui se publie de plus remarquable sur la politique extérieure et intérieure, sur les sciences, la littérature et les beaux-arts. Elles offrent l'exposé des actes de l'administration publique, l'analyse exacte des travaux des chambres, présentent le rapprochement de ce que la tribune et la presse produisent de plus important; en un mot elles réunissent dans un cadre unique ce que contiennent de plus intéressant toutes les feuilles périodiques d'un mois entier. Les auteurs, dont le but est de rassembler dans cet ouvrage tous les matériaux épars de l'histoire du temps présent, se sont fait une loi sévère de la plus grande impartialité.

Le prix de l'abonnement, franc de port, est de 10 fr. par volume ou trois livraisons; six, 19 fr.; douze ou l'année, 36 fr. pour Paris. Pour les départemens et les colonies, trois livraisons, 12 fr.; six, 23 fr.; l'année, 44 fr. Pour l'étranger, 14 fr., 27 fr. et 52 fr.

JOURNAL SPÉCIAL DES JUSTICES DE PAIX.

JURISPRUDENCE DES HUISSIERS.

Il paraît de chacun de ces deux journaux 2 feuilles par mois, qui forment 1 vol. par an.

Le prix de l'année courante est de 10 fr., franc de port, pour chaque journal; et pour les années précédentes, chaque vol. est de 8 fr., pris au bureau, et de 9 fr. par la poste.

Le titre seul de ces journaux en indique l'importance et l'utilité.

Les abonnemens, lettres, paquets, réclamations et argent doivent être adressés franc de port.